BOLSONARO:

MITO OU DECEPÇÃO?

Uma reflexão dos acontecimentos entre os anos de
2018 - 2022

Miguel Angelo Pricinote

2023

SUMÁRIO

Prezados leitores apaixonados por palavras e ideais, é com uma imensa alegria e um coração transbordando de emoção que compartilho convosco este livro, fruto de minha jornada no fascinante universo liberal. Nele, mergulhei sem reservas, guiado pelo pulsar do amor pela liberdade. Permitam-me conduzi-los por entre as páginas destes escritos que não se ancoram em estrita cientificidade, mas sim na expressão de opiniões, na revelação de uma visão de mundo e na narrativa de vivências que traçam os contornos do marcante ano eleitoral de 2018, bem como suas reverberações nos anos seguintes, até 2022.

Esta obra, carregada de significados mais profundos, se desdobra em duas vertentes essenciais: a eletrizante corrida eleitoral e a tessitura das propostas liberais. Aqui, encontramos um cenário diversificado, onde as palavras dançam e as ideias flutuam como borboletas enamoradas. A liberdade, esse sopro de vida que nos move, é retratada como a capacidade primorosa do indivíduo de moldar seu destino por meio das escolhas que faz, e de abraçar a responsabilidade que delas advém.

Neste momento que atravessamos, onde as águas da história agitam-se tumultuosamente, é meu mais sincero desejo que este trabalho desempenhe um papel essencial na alimentação das discussões sobre tão caro tema. Anseio que estas páginas, entrelaçadas com sentimentos e reflexões, sirvam como farol a guiar-nos através das densas névoas do presente. Que esta obra se torne um companheiro nessa jornada, uma voz confidente em meio à tempestade, na eterna busca pelas liberdades individuais que nos cativam com sua beleza ardente e apaixonada.

"O estatismo é um sistema de violência institucionalizada e de guerra civil perpétua. Não resta ao homem nenhuma alternativa senão a luta pelo poder — roubar ou ser roubado, matar ou ser morto. Quando a força bruta é o único critério de conduta social, e a rendição à destruição é a única alternativa, até mesmo o último dos homens, até mesmo um animal, irá lutar. Não pode haver paz em uma nação escravizada." Ayn Rand

2018 FOI O ANO DOS LIBERAIS?

No sábado dia 2/dezembro/17 foi publicada mais uma pesquisa do Instituto Datafolha pelo jornal "Folha de S.Paulo" com índices de intenção de voto para o primeiro turno da eleição presidencial de 2018. Foram feitos nove cenários, mas para ilustrar este artigo iremos nos basear somente no primeiro: Cenário 1 (com Marina, Joaquim Barbosa, Temer e Meirelles):

1) Lula (PT): 34%

2) Jair Bolsonaro (PSC): 17%

3) Marina Silva (Rede): 9%

4) Geraldo Alckmin (PSDB): 6%

5) Ciro Gomes (PDT): 6%

6) Joaquim Barbosa (sem partido): 5%

7) Alvaro Dias (Podemos): 3%

8) Manuela D´Ávila (PCdoB): 1%

9) Michel Temer (PMDB): 1%

10) Henrique Meirelles (PSD): 1%

11) Paulo Rabello de Castro (PSC): 1%

12) Em branco/nulo/nenhum: 12%

13) Não sabe: 2%

Apesar da liderança do ex-presidente Lula, algo normal pois ele continua sendo o mais conhecido e, portanto, o mais lembrado, podemos observar que não faltam pré-candidatos de direita para a eleição a presidente de 2018.

Por enquanto, sem as dicas dos marqueteiros eleitorais, todos os "direitistas" discursam em favor da iniciativa privada e de um estado menor e mais eficiente, algo próximo ao liberalismo econômico. Mas fica evidente que a direita brasileira não é uma só, pois como comparar Bolsonario, Alckmin e Henrique Meirelles. Sendo assim são várias as correntes, entretanto ainda carece de um representante genuinamente liberal.

Mas antes de continuar a discussão acho válido apresentar os conceitos com os quais estou trabalhando e analisando o cenário atual.

As ideologias "esquerda" e "direita" foram criadas durante as assembleias francesas do século 18. Nessa época, a burguesia procurava, com o apoio da população mais pobre, diminuir os poderes da nobreza e do clero. Era a primeira fase da Revolução Francesa (1789-1799).

Com a Assembleia Nacional Constituinte montada para criar a nova Constituição, as camadas mais ricas não gostaram da participação das mais pobres, e preferiram não se misturar, sentando separadas, do lado direito. Por isso, o lado esquerdo foi associado aos trabalhadores, e o direito ao conservadorismo e à elite.

Dentro dessa visão, ser de esquerda presumiria lutar pelos direitos dos trabalhadores e da população mais pobre, a promoção do bem-estar coletivo e da participação popular dos movimentos sociais e minorias. Já a direita representaria uma visão mais conservadora, ligada a um comportamento tradicional, que busca manter o poder da elite e promover o bem-estar individual.

Já o liberalismo é uma doutrina que se baseia na defesa das iniciativas individuais e que procura limitar a intervenção do Estado na vida econômica, social e cultural. Historicamente, o liberalismo jamais encontrou terreno fértil entre os brasileiros, que sempre buscamos no Estado um arrimo para necessidades e anseios. O cientista político Bolívar Lamounier considera que o patrimonialismo de origem ibérica, muito arraigado no Brasil, mas também o nacional-desenvolvimentismo que vicejou após a Segunda Guerra, militaram em desfavor das correntes liberais no país, resultando no que ele chama de "endeusamento do Estado".

E o conservadorismo é um pensamento político que defende a manutenção das instituições sociais tradicionais – como a família, a comunidade local e a religião -, além dos usos, costumes, tradições e convenções. O conservadorismo enfatiza a continuidade e a estabilidade das instituições, opondo-se a qualquer tipo de movimentos revolucionários e de políticas progressistas. Mas é importante entender que o conservadorismo não é um conjunto de ideias políticas definidas, pois os valores conservadores variam enormemente de acordo com os lugares e com o tempo. Por exemplo, conservadores chineses, indianos, russos, africanos, latino-americanos e europeus podem defender conjuntos de ideias e valores bastante diferentes, mas que estão sempre de acordo as tradições de suas respectivas sociedades.

Feito esta breve conceptualização, é possível afirmar que o Brasil esteja experimentando uma "redescoberta" das ideias liberais que avança no vácuo deixado pelos erros cometidos pela esquerda e também pela desconfiança em relação ao posicionamento da direita.

Mas não é certo afirmar que se trata de uma tendência. As ideias liberais estão no ar, no entanto resta saber quem poderá transformá-las em propostas viáveis e consistentes e mostra para sociedade que o estado não é a solução para os problemas e sim a parte principal do mesmo.

Isto pode ser percebido na posição dos pré-candidatos nos quais vários dos concorrentes direitistas do país têm posições que não são exatamente condizentes com o liberalismo, seja na economia e, principalmente, nos costumes e comportamento. Pois, por definição, o liberal em relação ao comportamento se posiciono diferentemente dos conservadores e dos reacionários (os que reagem às mudanças sociais).

Sendo assim, dificilmente o ano de 2018 será o ano dos liberais, mas pode ser o início da inserção das ideias pró liberdade à sociedade brasileira que ama e defende o estado mesmo não confiando nos seus governantes. Será um momento histórico, porém de semear e não de colheita.

BOLSONARO E OS LIBERAIS

Durante o pleito de 2018 vivenciamos um momento atípico em relação a nossa situação política. Muito tem se falado que as eleições de 2018 podem levar o país a uma guinada, fruto da descrença da população em relação a velha política e na possibilidade do deputado Jair Bolsonaro ser o pivô da mudança.

Está situação tem causado um grande debate entre os liberais pois não existe um candidato realmente dito como liberal com condições de vitória e o Bolsonaro como o principal nome da "direita". Então cria a seguinte reflexão: os liberais devem apoiar ou não o Jair Bolsonaro na disputa de 2018?

Sendo assim, é possível afirmar que mesmo em declarações recentes, as falas do deputado ainda são opiniões genéricas. E se por um lado o pré-candidato Bolsonaro defende o livre de mercado, o deputado federal age diferente. Por exemplo: se absteve de votar no Projeto de Lei da Terceirização (PL 4330/04). Tal postura tem levado muitos liberais a se posicionarem contra a eleição de Bolsonaro.

Fica claro o confuso posicionamento "nacional desenvolvimentismo liberalista" de Jair Bolsonaro, no qual demonstra alguma simpatia por ideias de mercado enquanto apoia outras restrições, como a reserva de mercado de recursos como Nióbio. Já em relação aos costumes, embora defenda de forma veemente a revogação do estatuto do desarmamento, por seus pronunciamentos entende-se que é a favor da continuidade da guerra às drogas, contrário à adoção de crianças por casais gay e a favor de barreiras migratórias, pautas sólidas entre liberais.

As posições de Bolsonaro, é lógico, já representam um avanço em relação à da esquerda, mas, se quiserem realmente se contrapor ao estatismo esquerdista e disputar o apoio dos liberais, precisa entender melhor o tema para explicar com coerência e exemplos práticos, inclusive em eventuais debates de TV, até onde foi e pretende ir o liberalismo econômico de cada um.

Percebe-se que não tem relação com seus posicionamentos econômicos, tampouco por uma eventual defesa às liberdades civis. Atualmente Bolsonaro é percebido como uma voz opositora ao modelo lulopetista de "transformação" dos valores da sociedade brasileira. Isto ganha mais força no momento em que o principal partido de oposição ao PT o PSDB está cada vez mais próximo do discurso da esquerda e também mais perto das páginas policiais.

Outro ponto claro em relação ao pré-candidato é o seu interesse em aproveitar o movimento visto na terra tupiniquim que demanda menor participação do Estado na vida dos indivíduos e, dessa forma, promover-se eleitoralmente, mesmo que eventualmente tenham raízes no intervencionismo.

Em meio a essa moda/tendência de se declarar liberal para se apresentar como "novidade", dois casos despertam maior atenção: Jair Bolsonaro e João Amoêdo, o primeiro por atualmente parecer com reais chances e com discurso de "liberdade econômica" e forte conservadorismo. E o segundo, ainda desconhecido, que realmente apresenta posicionamento liberal, mas que possui poucas chances de vitória. Em resumo, para exemplificar, o Bolsonaro é o nosso Trump e o Amoêdo o nosso Ron Paul.

A ênfase em torno de questões relacionados com a liberdade individual, a livre iniciativa, a autonomia pessoal, o livre mercado e o estado mínimo a distingue por completo da visão dominante do triunvirato PT / PSDB / PMDB.

Jair Bolsonaro, sob certo ponto, contrapõe-se deste pensamento ao defender com ardor a identidade e a soberania nacional, a tradição cristã e a moral tradicional. Inclina-se para uma forma renovada e atualizada de patriotismo cristão com tonalidades conservadoras no campo moral e cultural e nacionalista na esfera política e econômica.

O fenômeno Bolsonaro, portanto, aponta para o surgimento de uma reação "conservadora" e não de característica liberal, ou melhor, é na verdade, considerado um bastião de resistência das forças nacionais e tradicionais contra as ações "progressivas" do lulo-tucano-petismo.

Sendo assim, como liberal, não sou e não serei apoiador da candidatura do deputado Jair Bolsonaro. Mas se houver uma disputa de 2º turno contra os representantes da esquerda:

Lula, Ciro, Alckimin e Marina, posicionarei ao lado do Bolsonaro, como diz o ditado: dentre os males o menor.

PSL DEMOSTROU O MOTIVO DE 2018 AINDA NÃO SER O ANO DOS LIBERAIS

No texto anterior escrevi sobre a relação do deputado federal e pré-candidato à Presidência da República Jair Bolsonaro (RJ) com os movimentos liberais e que situação dele nas pesquisas, apontava para o surgimento de uma reação "conservadora" de resistência em protesto as posições "progressivas" do lulo-tucano-petismo e não de característica liberal centrada na defesa das liberdades individuais.

E também me posicionei que como liberal não sou e não serei apoiador da candidatura do deputado Jair Bolsonaro. Mas se houver uma disputa de 2º turno contra os representantes da esquerda: Lula, Ciro, Alckimin e Marina, posicionarei ao lado do deputado carioca, como diz o ditado: dentre os males o menor.

Mas como o Brasil é imprevisível, no dia 05 de janeiro, o deputado Jair Bolsonaro anunciou nesta sexta-feira que concorrerá ao Palácio do Planalto pelo Partido Social Liberal (PSL). Segue a parte da nota:

"É com muito orgulho que o PSL recebe o deputado Jair Bolsonaro e sua pré-candidatura a Presidência da República. Outrossim, é com muita honra que o deputado se sente abrigado pela legenda, e muito à vontade em um partido onde existe total comunhão de pensamentos", diz o texto.

Outro ponto interessante do comunicado ainda afirma é relacionado da prioridade do "pensamento econômico liberal, sem qualquer viés ideológico, assim como, o soberano direito a propriedade privada e a valorização das forças armadas e de segurança" e "preservar as instituições" e "defender os valores e princípios éticos e morais da família brasileira" também são citados o chavão: "desejos de mudança" de Jair Bolsonaro.

Estes pontos dão o caráter fisiológico e retórico a esta união. Pois sabemos que o nacionalista Bolsonaro não é a favor da liberdade econômica, ele é defensor de uma pseudo – economia nacional. Em resumo, Bolsonaro que si cacifar como um candidato do mercado e o PSL precisa de votos para aumentar o fundo partidário e vencer a cláusula de barreira.

Tudo isto seria natural se não fosse o fato do PSL ser o berço do Livres (movimente liberal / libertário que estava crescendo no partido). A divergência do Livres com Jair Bolsonaro pode ser dividida em um bom punhado de categorias, como diferenças ideológicas, políticas, programáticas, econômicas e filosóficas. E o Livre por meio do presidente do diretório gaúcho do PSL teceu criticas mais contundentes do que as minhas em relação ao posicionamento do deputado carioca:

"Não tem nada de liberal. É o tipo de caudilho latino-americano, populista. É um defensor da ditadura. É uma figura com uma trajetória lamentável na política brasileira, fruto também deste momento de polarização que vivemos".

Também fica claro que o PSL agora bolsonariano iria romper com os Livres (se este não tivesse saído) pois como mostrado anteriormente no comunicado está escrito que o partido possui um "pensamento econômico liberal, sem qualquer viés ideológico".

E o mais grave, pois a longo prazo, essa união acabou fragilizando dois movimentos que estão surgindo com foco em 2018 – o movimento conservador liderado pelo Bolsonaro e o movimento liberal / libertário do Livres. Assim gerando uma grande confusão ideológica, comprovando mais uma vez que os partidos políticos no Brasil (com exceção do Novo) possuem um único objetivo que é o Fundo Partidário.

E infelizmente tal situação só comprova que 2018 ainda não será o ano dos liberais e que o deputado e pré-candidato Jair Bolsonaro é também um inimigo das liberdades individuais e mais um político igual aos outros, e retiro o que escrevi que ele é dos males o menor. Pois pior que um lobo, é o só o lobo em pelo de cordeiro, isto é, pior que um defensor do poder estatal, é somente o um defensor do poder estatal vestido de liberal, ou melhor, social liberal.

E quanto ao Livres, eu ficaria dentro do partido e travaria uma batalha em relação aos posicionamentos do Bolsonaro e isto seria como a luta sempre inglória do ex congressista americano Ron Paul que lutava dentro do partido Republicano e fez notório as suas ideias em defesa da liberdade

O HISTÓRICO DIA 24 DE JANEIRO DE 2018 E OUTROS FATOS IMPORTANTES

O dia 24 de janeiro de 2018 foi histórico, pois nunca antes na história deste País um ex-presidente da República foi julgado e condenado por corrupção em segunda instância. Isto demonstra que a tão proclamada democracia não é um simples concurso de popularidade em que o mais simpático é escolhido por uma parte da população para ser responsável pelo futuro da nação.

A democracia é um conjunto de regras e instituições que deveria garantir o exercício pacífico do poder, em nome da soberania povo. Por isso que quando a Justiça funciona, mesmo sendo raro, portanto, que a democracia teoricamente é exercida. Mas devemos sempre lembrar que o a douta justiça é um braço do poderoso estado e que na prática trabalha contra as liberdades individuais, mas este não é o motivo do artigo.

Por isso, ontem ficou claro que o jogo democrático brasileiro mudou de mão e que o popular pai dos pobres sentiu na pele a força do Estado. Esta situação por si só é um risco de transformar a prisão de Lula em um troféu nas mãos deste "novo estado".

Esta situação pode por consequência, alimentar a narrativa vitimista dos derrotados que vê apenas perseguição política no trabalho da Justiça. Portanto, a reação dos derrotados é previsível: usar a condenação como parte do discurso de perseguição para atrair a simpatia do eleitorado. E transformar um Lula num grande eleitor e garantidor a eleição de mais um poste. Como podemos perceber pela a fala dos derrotados:

"A confirmação da condenação do ex-presidente Lula é mais um capítulo dos ataques recentes à democracia brasileira.

Apesar da ausência de provas, os desembargadores do TRF-4 aumentaram a pena estabelecida pelo juiz Sérgio Moro para mais de 12 anos de prisão – enquanto figuras como Temer e Aécio, mesmo com abundantes indícios de crime, continuam livres.

O PSOL guarda importantes diferenças com Lula e terá candidatura própria nas eleições. Mas repudiamos a condenação sem provas e defendemos seu direito de concorrer.

A luta pela democracia não começou e nem acaba aqui. Estaremos juntos nessa batalha, construindo uma alternativa política de direitos para o Brasil."

E para a presidente do PT a Senadora Gleisi disse ainda que desde o impeachment de Dilma Rousseff a Constituição Federal vem sendo rasgada.

"Nós não aceitamos essa sentença porque não tem sustentação constitucional, é corporativa. Impede o povo de votar na eleição deste ano", discursou na Praça da República. "Foi uma decisão corporativa para defender a sentença do juiz Sérgio Moro", avaliou.

A dirigente petista advertiu que três desembargadores não podem falar por milhões de brasileiros. "Nós vamos pra cima", avisou.

Mas a condenação de Lula entra na história como marco simbólico do combate à corrupção em seu mais alto nível e ao contrário do que sustenta o slogan do PT, eleição sem Lula não será uma fraude, mas um bom começo. E não sabemos que para melhor ou só na mão para outro grupo que vai aparelhar o estado para fazer igual ou pior que o grupo anterior. Nisto a eleição de 2018 será essencial para mostrar a nova cara. A população irá escolher mais um pai dos pobres ou escolherá um governante que irá diminuir o tamanho do estado?

Outro ponto histórico de ontem foi que após o voto do desembargador Leandro Paulsen, o segundo a condenar o ex-presidente

Luiz Inácio Lula da Silva, o Ibovespa saltou de 82.412 pontos para 83.427 e no fechamento, o benchmark da bolsa apontou valorização de 3,72%, a 83.680 pontos, a maior da história.

A expectativa do mercado era que Lula perdesse a contenda no TRF4 por 3 a 0 – o que de fato aconteceu -, o que impede que ele recorra dentro da segunda instância com recursos que causem um efeito suspensivo sobre a decisão. Assim, basta ao Tribunal Superior Eleitoral (TSE) tornar Lula inelegível.

PARTIDO NOVO E O LIVRES

Outro fato importante foi o anuncio do Livres anunciou em relação ao comportamento que o movimento adotará nas eleições de 2018, após ter se desfilado do PSL, que adotou o deputado federal Jair Bolsonaro, do Rio de Janeiro, como pré-candidato à presidência da República.

O atual presidente nacional do Livres, Paulo Gontijo, explicou que a corrente liberal passará a ser uma associação e adotará uma estratégia diferente da usada com o PSL: não se filiará a nenhum partido, mantendo-se independente.

Entretanto, o Livres manteve conversas com diferentes partidos para definir sua posição nos estados. O movimento obteve "excelentes recepções" de PPS, Partido Novo, Podemos e Rede, que deverão ser as siglas de principais destinos dos integrantes da associação, ainda que, em estados específicos, possa-se optar por outros partidos.

No Rio Grande do Sul e Ceará, por exemplo, a maioria das lideranças e pré-candidatos do Livres optou por se juntar ao Novo. O presidente estadual do movimento e pré-candidato a Câmara dos Deputados, Fábio Ostermann, acredita que "o Novo é o ambiente que oferece maior espaço às nossas ideias e que tem maior coerência com a nossa visão ideológica".

Mas é importante ressaltar que segundo o estatuto do Novo, os pré-candidatos dos Livres deverão passar por um processo seletivo interno para ai sim virar candidatos pelo partido.

Outro ponto é que esta união do Novo com o Livres é ruim para o movimento liberal pois ambos possuem visões diferentes em relação as liberdades individuais e esta união pode significar o empobrecimento do discurso liberal. Espero estar errado neste ponto.

IMBRÓGLIO MBL, UBER, DÓRIA.

Menos de um ano após manifestar apoio ao nome do prefeito de São Paulo, João Doria (PSDB), à presidência da República, o

Movimento Brasil Livre (MBL) rompeu nesta segunda-feira, 22 de janeiro, com o tucano, e declarou guerra aos projetos do Executivo na Câmara Municipal.

O motivo alegado para a separação foi a regulamentação dos aplicativos de transporte como Uber. O anúncio de ruptura foi feito pelo líder do MBL e vereador Fernando Holiday (DEM) que afirmou que "rompimentos acontecem baseados em ideais e não em cargos ou interesses escusos".

Questionado sobre se o posicionamento de Holiday reflete a insatisfação do MBL como um todo, o coordenador do grupo, Kim Kataguiri, confirmou que a declaração de Holiday é acompanhada pelo movimento. "É uma coisa mais de longo prazo. A gente passa a não defender a gestão João Doria".

Louvável a atitude do grupo, mesmo que tardia, pois era incongruente um movimento dito liberal apoiar um político tipo João Dória. Espero que o movimento se fortaleça em 2018 e que junto com o movimento Brasil 200 possam ajudar a mudar a história do país

MOVIMENTO BRASIL 200

Outro fator que pode mudar a nossa história e o rumo das eleições de 2018 mas principalmente a de 2022 foi o surgimento do Movimento Brasil 200, lançado pelo empresário Flávio Rocha que deseja um presidente liberal na economia e conservador nos costumes. Leia o manifesto:

"O Brasil está numa encruzilhada. Depois da pior recessão e dos mais graves escândalos da sua história, seremos convocados neste ano de 2018 para uma eleição geral que escolherá os principais representantes da população para o período que terminará na simbólica data dos 200 anos da independência. O país ficou independente, mas o cidadão brasileiro ainda não.

Como ser independente com tanta insegurança, com tantos brasileiros sofrendo pela falta de oportunidades de trabalho ou de leitos nos hospitais, de estudo fundamental e formação profissional, de uma moradia digna, de opções de transporte que atendam e de um ambiente que celebre quem produz e gera empregos e riqueza para todos?

O Brasil 200 anos é um movimento apartidário da sociedade civil, de brasileiros que amam o país e sabem que amar a nação não é fechar os olhos para seus problemas ou buscar soluções fáceis e erradas para problemas complexos e graves. Não é hora de malabarismos ou feitiçarias, de promessas novas que disfarçam velhas práticas, não se brinca com o destino de 200 milhões de pessoas.

Não defendemos nomes, lutamos por ideias. Qual país você quer na comemoração do bicentenário? Em quatro anos não é possível fazer tudo, mas é possível fazer muito. E é isso que o Brasil 200 anos está propondo: uma mobilização da sociedade para que a classe política conheça as demandas da população e se comprometa com elas no próximo mandato.

Este não é um movimento ideológico, mas um conjunto de princípios sustentado por valores sólidos e que refletem o pensamento majoritário da população e não de grupos de pressão ou que lutam por privilégios privados às custas do bem público. O Brasil precisa de idéias que gerem oportunidades para todos, que tirem as amarras do espírito empreendedor dos brasileiros que trabalham ou que querem trabalhar.

Nem tudo que fizemos nestes dois séculos foi errado, mas há muito o que ser revisto e melhorado. Um país que não conhece sua história terá sérias dificuldades de construir seu futuro.

Vamos refletir juntos sobre o que deu certo ou errado, analisar o que pode ser melhorado, oferecer aos candidatos e partidos nossas propostas, firmar compromissos públicos e cobrar deles sem descanso, durante os próximos quatro anos, o cumprimento das promessas.

O Brasil 200 anos quer ouvir você. Se você quer contribuir com ideias, propostas e soluções para o país, fale conosco. Políticos não são a solução, hoje eles são o problema. Cabe a nós, brasileiros, filhos do pátria amada que não fogem à luta, mostrar a eles o que queremos e o que vamos cobrar deles nos próximos anos."

QUAIS PODERIAM SE OS OUTSIDERS DE 2018?

Esta corrida eleitoral promete ser a mais espetacular da história brasileira. Com a eliminação do ex-presidente Lula (devido a Lei da Ficha Limpa) o cenário fica em aberta e somado a nova cláusula de barreia para que os partidos possam receber o perverso Fundo Eleitoral devem transformar a eleição presidencial numa verdadeira "corrida maluca", sendo assim a situação perfeita para vitória de um "outsider".

E o maior favorito ao posto de outsider é o apresentador da Rede Globo, Luciano Huck. Segundo informações da Coluna Painel (6/fev/18), da Folha de São Paulo, o ex-presidente Fernando Henrique Cardoso (PSDB) recebeu em primeira mão a pesquisa qualitativa sobre a viabilidade eleitoral de Luciano Huck.

O estudo, encomendado pelo próprio apresentador, fez um cruzamento do seu perfil com os desejos do eleitorado. Aliados de FHC disseram que o trabalho aponta que Huck tem "potencialmente muita chance" se entrar na disputa a cadeira do Planalto. O que fez penas voarem dentro do ninho tucano, pois poucos apostam em vitória do governador Geraldo Alckimin.

E se observarmos a última pesquisa Datafolha, publicada no dia 31/jan/18, Huck aparece com 8% das intenções de voto empatado com o governador Geraldo Alckmin (PSDB-SP), em um eventual cenário sem Lula na disputa, atrás de Jair Bolsonaro (18%), Marina Silva (13%) e Ciro Gomes (10%), demonstrando assim a possível força de um outsider dentro do cenário atual.

E também, em entrevista ao Valor, FHC afirmou que não via espaço nessas eleições para "outsiders", por outro lado, não descartou a participação de Huck.

Vale ressaltar que em evento do RenovaBR, projeto político da qual participa, Huck voltou a ser o centro das atenções ao discursar sobre a atual situação brasileira. Em um tom que foi visto por muitos como de "candidato", ele marcou a noite ao dizer em vídeo que o Brasil "precisa de renovação".

"Eu consigo enxergar competência, gente engajada e que eu admiro em vários setores. Na política é muito difícil conseguir encontrar muita gente da nossa geração, que está a fim de servir de fato e que esteja fazendo um bom trabalho. Então, o que a gente precisa no Brasil é renovação", afirmou o propenso candidato "outsider".

Também não podemos nos esquecer que os predicados de Huck são óbvios. É um homem de televisão bem-sucedido, popular e, por enquanto, sem os danos de imagem que mancham os políticos de carreira. Embora parte dos militantes da esquerda já estão o apresentando como a mais perfeita expressão da "elite branca" que desperta pode vir a trazer muita repulsa, mas que atualmente ele consegue, em virtude da carreira televisiva, estabelecer comunicação direta com o povo (considerado propriedade exclusiva da esquerda). Esta situação ficou clara devido ao alarde do Huck ter usado empréstimo do BNDES para comprar um avião particular (mas esquecem de dizer que foi durante o governo petista).

Mas, por enquanto, ninguém sabe ao certo que tipo de ideia Huck defende, mas se imagina que ficaria num campo político de "centro", traduzindo: "em cima do muro", como uma terceira via em relação a polarização ideológica entre as candidaturas de esquerda e do deputado Jair Bolsonaro.

Mas será que o Huck realmente será candidato? Pois o mesmo continua a se movimentar como se fosse. Lembramos das vitórias mais marcantes dos outsiders: Trump (EUA), Berlusconi (Itália) e João Dória (São Paulo). E qual seria o governo de alguém sem experiência? Tivemos o terrível governo Dilma, será que o Brasil cometerá o mesmo erro? Cenas para os próximos capítulos.

Com a desistência do apresentador Luciano Hulk na corrida para o Planalto um novo nome começou a ganhar forma como o outsider da vez: Flávio Rocha do da Riachuelo. O empresário é apontado como possível candidato à presidência da República pelo Movimento Brasil Livre (MBL).

Em 5 de março de 2017, Rocha liderou em Nova York o lançamento do movimento "Brasil 200", que defende ideais liberais para a economia brasileira, critica o governo de Michel Temer (MDB) e dos seus antecessores petistas - Dilma Rousseff e Lula. Na lançamento, o empresário criticou, sem falar nomes, os governos petistas, e especialmente, as gestões petistas e, especialmente, a candidatura de Lula: "não é possível que o líder das pesquisas no Brasil para presidente hoje seja não apenas o maior responsável pela crise como um criminoso condenado a 9 anos e meio de prisão em apenas um de inúmeros processos que responde.

Que mensagem o país está passando para a classe política e para o mundo? Que aqui o crime compensa? Que o brasileiro aprova a roubalheira? Não é possível que a lição, a mais dura de todas, não tenha sido aprendida". "Quero sugerir a todos vocês que chegou a hora de uma nova independência: é preciso tirar o estado das costas da sociedade, do cidadão, dos empreendedores, que estão sufocados e não aguentam mais seu peso. Chegou o momento da independência de cada um de nós das garras governamentais. Liberdade ou morte!", disse ele no discurso.

Ele ainda afirmou que "o Brasil hoje não tem um governo, é o governo que tem um país que vive para sustentar sua gastança". Segundo ele, o livre mercado não é apenas a melhor arma contra a pobreza, é a única. "Todos nós, em algum momento da vida, precisamos fazer uma escolha: ou estamos ao lado dos pobres ou da pobreza. Ou temos amor aos mais necessitados ou temos ódio aos ricos. São sentimentos incompatíveis. Se você é solidário aos pobres, faz tudo para que saiam da pobreza. E é o livre mercado que pode gerar oportunidades e riqueza para todos, especialmente os mais pobres. Quando vamos aprender esta que é a mais básica das lições da história?"

Sendo assim, diferente do apresentador global, Flávio Rocha tem um posicionamento político claro, ele já afirmou em entrevista ter ligações com a igreja Sara Nossa Terra, a qual costuma defender ideais conservadores que vão contra a temas como o casamento gay, aborto e a o que chamam de "ideologia de gênero". E na economia, o mesmo defende a redução do estado com propostas liberais.

O empresário afirmou em entrevista que o mercado quer um candidato de direita democrática e não de centro. O que pode ser percebido como um fortalecimento da candidatura do deputado Jair Bolsonario (mas que sabemos ter um discurso ainda vazio). Entretanto para o ex-presidente Fernando Henrique Cardoso um candidato que defenda apenas bandeiras do mercado vai perder as eleições para presidente da República. "O País não é composto de mercado só. Quem for o candidato de mercado vai perder (as eleições)", disse FHC durante o primeiro evento da série 'A Reconstrução do Brasil' do Fórum Estadão, realizado em São Paulo.

Entretanto o mesmo sabe que para ganhar as eleições o "economês conserta o País, mas é o discurso sobre os costumes que levará o candidato a ganhar a eleição presidencial deste ano". Rocha, ainda lançou sua campanha para a presidência, mas afirmou: "É muito feio uma pessoa ser convocada para uma missão nacional e se recusar por razões egoísticas, por causa de patrocínios"

Vale lembrar que o empresário e um ex-deputado federal Flávio Rocha, portanto não é um outsider "puro", mas como abandonou a vida parlamentar há 23 anos e não é visto como um grande cacique político pode ser classificado como um estranho no ninho. A volta do empresário ao noticiário político vem desde o processo que culminou no impeachment de Dilma Rousseff no qual foi voz ativa a ponto de ser considerado uma opção na eleição presidencial.

O posicionamento e engajamento do empresário ainda é visto com ceticismo no meio liberal. O articulista do Instituto Liberal, Roberto Rachewsky, escreveu um artigo bastante interessante, no qual questiona o ativista político de Rocha em defesa da livre iniciativa, da propriedade privada e do livre mercado, a diminuição do estado e a redução de sua interferência na economia e o mesmo ter tomado um empréstimo do governo na casa do 1,4 bilhão de reais.

Então, será o Flávio Rocha o elemento surpresa desta eleição? Ele será o Macron tupiniquim?

E O RISCO DE TER JOAQUIM BARBOSA PRESIDENTE DO BRASIL

O ex-presidente do Supremo Tribunal Federal (STF) Joaquim Barbosa vem admitindo que tem conversado com partidos, em especial o PSB, sobre uma possível candidatura à Presidência da República em 2018.

De acordo com ex-presidente do STF, a sondagem vem não só de partidos, mas de movimentos diversos e até de pessoas na rua.

Sobre a possibilidade, não descartou: "Eu, pessoalmente, não me decidi". Em entrevista concedida ao CBN Noite Total, na rádio CBN, o ex-ministro criticou a movimentação das principais legendas para as eleições, ainda que envolvidas em denúncias de corrupção.

"A eleição do ano que vem vai ser muito parecida com a eleição de 1989, a primeira eleição após o ciclo militar. [...] Eu não sei como essas lideranças de PMDB, PSDB e PT ainda terão coragem de apresentar à nação candidatos à eleição. Eu acredito que haverá um repúdio enorme aos candidatos desses três maiores partidos", ressaltou.

Joaquim Babosa também ressaltou que," a pulverização de candidatos, o esfacelamento do Estado, a degradação moral e a perda de credibilidade dos partidos e das lideranças dos três maiores partidos políticos brasileiros" justificam sua crítica às legendas. "Que as instituições brasileiras estão em frangalhos, eu não preciso reafirmar. Qualquer pessoa minimamente informada e com capacidade de análise percebe isso", disse.

Entretanto, nome do ex-ministro do STF vem tendo resistência de parte do PSB (principalmente dos paulistas), que defende o apoio ao candidato do PSDB o governador de São Paulo Geraldo Alckmin. Pois a renúncia de Alckmin para efeito de desincompatibilização favorecerá a ascensão ao governo paulista do vice Márcio França, que é filiado ao PSB. Este ruído seria um dos fatores que vem emperrando a filiação de Barbosa.

Já a parte do PSB contrária à aliança com os tucanos se organiza para viabilizar a filiação e candidatura do ex-ministro Joaquim Barbosa pelo partido. Capitaneado pelo líder da legenda na Câmara, deputado Júlio Delgado (MG), o grupo prepara uma série de manifestos e notas de diretórios estaduais e da bancada no Congresso Nacional em apoio à candidatura do ex-ministro.

O líder do PSB acredita que Barbosa pode mudar o quadro eleitoral. "A gente tem sentido nas ruas uma descrença com a classe política, mas ela se desfaz com a entrada de uma pessoa decente que, apesar de não ser da

política, tem uma vida pública reconhecida",
disse.

Barbosa também pode ganhar o apoio
do governador da Paraíba, Ricardo Coutinho,
um dos mais bem avaliados políticos e
governantes do PSB, mesmo sendo defensor da
candidatura do ex-presidente Lula. Expoentes
da cúpula nacional socialista acreditam, porém,
que podem vir a sensibilizar o gestor paraibano
a apoiar a candidatura própria do ex-ministro
Joaquim Barbosa, uma vez que, a candidatura
de Barbosa está sendo articulada por uma ala
do PSB opositora à facção que defende o apoio
do PSB à pré-candidatura de Geraldo Alckmin,
do PSDB.

O governador Ricardo Coutinho
manteve, por um tempo, aliança com o
senador Cássio Cunha Lima, principal figura do
PSDB no Estado e vice-presidente do Senado

Federal. Em 2010, Ricardo venceu a disputa ao governo contra José Maranhão (MDB) contando com o apoio de Cássio Cunha Lima.

As divergências, entretanto, logo se acentuaram e em 2014 Ricardo concorreu à reeleição enfrentando o senador Cássio Cunha Lima, que foi derrotado no segundo turno. Então afastar o PSB do PSDB seria uma importante estratégia para manutenção do poder na Paraíba.

Vale lembrar que o primeiro manifesto em apoio ao ex-ministro foi lançado no final de janeiro/18 pelo diretório do PSB mineiro. "A Executiva Estadual do PSB de Minas Gerais reconhece que a filiação de Joaquim Barbosa reforça os quadros do campo progressista. É homem público, capacitado, competente e dará grandes contribuições para as discussões temáticas nacionais", diz a nota.

Mas qual seria o posicionamento do ex-presidente do STF? Será que ele tem a capacidade de agregar novos valores a política nacional? Em uma entrevista na Globo News Barbosa foi perguntado sobre "o partido político que representa mais o seu pensamento", ele resumiu ser "um homem seguramente de inclinação social democrata à europeia", ou seja, o mesmo perfil que vem governando o país desde 1994.

Barbosa também se fez de vítima ao contar que sempre foi discriminado em todos os trabalhos, do momento em que começou a galgar escalões. E foi explícito: "o Itamaraty é uma das instituições mais discriminatórias do Brasil. Passei nas provas escritas, fui eliminado numa entrevista, algo que existia para eliminar indesejados. Sim, fui discriminado, mas me prestaram um favor. Todos os diplomatas gostariam de estar na posição que eu estou hoje. Todos".

Em outro momento Barbosa disse também que não tem dinheiro ou alguém disposto a arcar com os custos de uma campanha, além de lançar um questionamento, no qual demonstra que ele, se for candidato, se colocará no papel de vítima:

"será que o Brasil está preparado para ter um presidente negro?".

Ao que tudo indica, Barbosa ignorou que o Brasil já teve um presidente negro. Nascido na periferia de Campos de Goytacazes, Nilo Peçanha. Formado em direito, atuou como jornalista e ferrenho defensor do abolicionismo. Com o fim da monarquia, participou da Assembleia Nacional Constituinte em 1890, cumpriria dois mandatos como deputado estadual, entre 1891 e 1903, até se tornar presidente do Estado do Rio de Janeiro. Três anos depois, foi eleito vice-presidente do Brasil na chapa de Afonso Pena, e em 1909 chegaria à Presidência após a morte do titular. Por 17 meses, comandou o país sob o lema "paz e amor"

Estes posicionamentos pequenos e nada diferente da atual política tupiniquim somado ao fato da renuncia ao STF, que foi justificado pelas ameaças que Barbosa afirmava estar sofrendo, especialmente por causa de sua atuação à frente do julgamento do mensalão do PT. Demonstram que ele seria mais um aventureiro mal preparado que se imagina um salvador da pátria e que significaria sim mais um retrocesso para o nosso país.

EM 2018 O BRASIL QUASE ELEGEU NOVAMENTE UM PRESIDENTE DE ESQUERDA

A fragmentação da direita somado ao preconceito com os liberais devem levar o país a novamente eleger um presidente com ideologia voltada para esquerda, desde do governo FHC o Brasil vem aumentando o tamanho e a intervenção estatal. E faltando menos de seis meses para a eleição presidencial deste ano, vários partidos já anunciaram oficialmente seus pré-candidatos. Outras legendas devem consolidar os nomes que concorrerão ao pleito nas próximas semanas. Vale ressaltar que de acordo com a legislação eleitoral, os partidos políticos devem oficializar as candidaturas em convenções nacionais com seus filiados entre 20 de julho e 5 de agosto.

A seguir apresentarei uma breve lista dos atuais pré-candidatos e qual é a sua posição ideológica (dividida em: esquerda, centro esquerda, centro, centro direita, direita e liberal):

1 - Flavio Rocha (PRB) – Liberal: O diretor vice-presidente da Guararapes Confecções (Riachuelo), Flávio Rocha, deixou o cargo na companhia para poder concorrer à presidência da república. Após conversar com pelo menos seis siglas, o empresário decidiu pelo PRB. Casado e pai de quatro filhos, atualmente exerce a função de CEO do Grupo Guararapes, que integra a Rede de Lojas Riachuelo, Confecções Guararapes, Midway Financeira, Transportadora Casa Verde e Shopping Midway Mall. O conglomerado é um dos 15 maiores empregadores do país, com 40 mil colaboradores.

Além da atuação à frente do Grupo Guararapes, Flávio Rocha foi um dos fundadores do IDV (Instituto de Desenvolvimento do Varejo).

Presidiu a instituição durante quase uma década. Ele integra a lista dos 500 mais influentes da indústria da moda, de acordo com a revista Business of Fashion (BoF). Além disso, participa dos conselhos da Fiesp, IEDI e órgãos setoriais ligados à indústria e ao varejo. Ele também é um dos fundadores do movimento Brasil 200 anos, que é apartidário e cujo manifesto propõe uma mobilização da sociedade para que a classe política conheça as demandas da população e se comprometa com elas no próximo mandato.

2 - Rodrigo Maia (DEM) – Centro Direita: Presidente da Câmara dos Deputados, Rodrigo Maia (RJ) teve sua pré-candidatura lançada em 8 de março pelo DEM. Maia tem buscado ser uma alternativa de centro e, em suas próprias palavras, "sem radicalismos". Ele assumiu o comando da Câmara após a queda de

Eduardo Cunha (MDB-RJ), preso pela Operação Lava Jato, e ganhou mais protagonismo político pelo cargo que ocupa, já que é o responsável por definir a pauta de projetos importantes, como a reforma da Previdência. Segundo ele, a pauta da Câmara não será prejudicada devido à sua candidatura ao Planalto. "A gente tem responsabilidade com o Brasil, já deu demonstrações disso. O projeto político do DEM é legítimo e é feito em outro momento e local, não tem problema nenhum disso", afirmou.

3 - Ciro Gomes (PDT) – Centro Esquerda: Pela terceira vez concorrendo ao posto mais alto do Executivo, o ex-governador do Ceará Ciro Gomes vai representar o PDT na disputa presidencial. Ao anunciar o seu nome como pré-candidato na última quinta-feira (8), o pedetista adotou um discurso contra as desigualdades e propondo um "projeto de desenvolvimento" para o país. "Não dá para falar sério em educação que emancipe, não dá para falar sério em segurança que proteja e restaure a paz da família brasileira sem ter compromisso sério para dizer de onde vem o dinheiro", disse, no ato de lançamento da pré-candidatura.

4 - Jair Bolsonaro (PSL) – Direita: Deputado federal na sétima legislatura, Bolsonaro se filiou ao PSL na última quarta-feira (7). Considerado polêmico por suas bandeiras, Jair Bolsonaro defende a ampliação do acesso a armas e um Estado cristão, além de criticar modelos de família, segundo ele, "não tradicionais", como casamento homossexual. "Nós temos propósitos, projeto e tudo para começar a mudar o Brasil. Nós somos de direita, respeitamos a família brasileira. Está na Constituição que o casamento é entre homem e mulher e ponto final. Esse pessoal é o atraso, uma comprovação de que eles não têm propostas e que a igualdade que eles pregam é na miséria", afirmou, durante o ato de filiação ao PSL. De acordo com o partido, ainda não há uma data de lançamento oficial da pré-candidatura.

5 - Álvaro Dias (Podemos) – Centro: O senador Álvaro Dias será o candidato do Podemos. Eleito senador em 2014, pelo PSDB, Álvaro Dias migrou para o PV e, em julho do ano passado, buscou o Podemos, antigo PTN. Com a candidatura do senador, a legenda quer imprimir a bandeira da renovação da política e da participação direta do povo nas decisões do país por meio de plataformas digitais. "Nós temos que rediscutir a representação parlamentar. Não somos senadores demais, deputados e vereadores demais? Está na hora de reduzirmos o tamanho do Legislativo no país, tornando-o mais enxuto, econômico, ágil e competente", afirmou Dias, em entrevista concedida esta semana no Congresso Nacional.

6 - Marina Silva (Rede) – Centro Esquerda: A ex-senadora Marina Silva vai disputar a Presidência pela terceira vez consecutiva. Integrante da sigla Rede Sustentabilidade, Marina tem como plataforma a defesa da ética, do meio ambiente e do desenvolvimento sustentável. Ela é crítica do mecanismo da reeleição, que, segundo ela, se tornou um "atraso" no país. "Sou pré-candidata à Presidência para unir os brasileiros a favor do Brasil. Os governantes precisam fazer o que é melhor para o país e não o que é melhor para se perpetuar no poder. Chega de pensar apenas em interesses pessoais e partidários", escreveu recentemente em seu perfil do Facebook.

7 - Manuela D'Ávila (PCdoB) – Esquerda: A deputada estadual do Rio Grande do Sul, Manuela D'Ávila, será a candidata pelo PCdoB. A ex-deputada federal, por dois mandatos, teve a pré-candidatura lançada pelo partido comunista em novembro do ano passado. Esta é a primeira vez que o PCdoB lançará candidato próprio desde a redemocratização de 1988. Um dos motes da campanha será o combate à crise e à "ruptura democrática" que, segundo a legenda, o país vive. "Trata-se de uma pré-candidatura que tem como algumas de suas linhas programáticas mais gerais a retomada do crescimento econômico e da industrialização; a defesa e ampliação dos direitos do povo, tão atacados pelo atual governo; a reforma do Estado, de forma a torná-lo mais democrático e capaz de induzir o desenvolvimento com distribuição de renda e valorização do trabalho", escreveu a presidente nacional do partido, Luciana Santos, ao lançar a candidatura de Manuela D'Ávila.

8 - Guilherme Boulos (PSOL) – Esquerda: Repetindo a estratégia das últimas eleições, de apresentar uma opção mais à esquerda que os demais partidos, o PSOL participará com candidato próprio à corrida presidencial, que em 2010 e 2014 teve os nomes de Plínio de Arruda Sampaio e Luciana Genro na disputa. Segundo Boulos, que é coordenador nacional do Movimento dos Trabalhadores Sem Teto (MTST), é preciso levar a indignação dos cidadãos para dentro da política. "A capacidade de conjugar unidade na luta, na resistência e na defesa dos direitos com a ousadia de construir um projeto de futuro foi o que aproximou e uniu o MTST com o PSOL, bem como outros movimentos sociais, na construção dessa aliança", disse ao se filiar ao PSOL.

9 -João Amoêdo (Novo) – Liberal: Com 55 anos, João Amoêdo é o candidato pelo partido Novo, que ajudou a fundar. Formado em engenharia e administração de empresas, fez carreira como executivo do mercado financeiro. Amoêdo foi um dos fundadores do Partido Novo, que teve seu registro homologado pelo Tribunal Superior Eleitoral (TSE) em 2015. A disputa presidencial em 2018 será a primeira experiência política dele. Entre as principais bandeiras de Amoêdo, assim como do Partido Novo, estão a maior autonomia e liberdade do indivíduo, a redução das áreas de atuação do Estado, a diminuição da carga tributária e a melhoria na qualidade dos serviços essenciais, como saúde, segurança e educação. "É fácil acabar com a desigualdade, basta tornar todo mundo pobre. Ao combater a desigualdade você não está preocupado em criar riqueza e crescer, você só está preocupado em tornar todo mundo igual. O importante é acabar com a pobreza e concentrar na educação básica de qualidade para todos", diz o candidato em sua página oficial na internet.

10 - Geraldo Alckmin (PSDB) – Centro Esquerda: O PSDB confirmou a pré-candidatura de Geraldo Alckmin à Presidência da República. Na entrevista coletiva em que anunciou a pré-candidatura, Alckmin afirmou que irá destravar a economia e colocou como prioridades a desburocratização, uma reforma tributária, retomar a agenda da reforma da Previdência e reduzir os juros. Alckmin começou a carreira como vereador em Pindamonhangaba, no interior de São Paulo. Foi prefeito da cidade, deputado estadual e deputado federal na Assembleia Nacional Constituinte. Em 1994, foi eleito vice-governador na chapa com Mário Covas.

Em 1998, foi reeleito juntamente com Covas. Com a morte deste, assumiu o governo em 2001 e foi reeleito em 2002. Ele é governador de São Paulo e já esteve na corrida presidencial contra Luiz Inácio Lula da Silva em 2006, quando foi derrotado pelo ex-presidente no 2º turno. Após a disputa presidencial, Alckmin foi secretário estadual em 2009 e conquistou a cadeira de governador de São Paulo mais duas vezes, em 2010 e em 2014.

11 - Lula (PT) – Centro Esquerda: Após ganhar as últimas quatro eleições, o PT está em definição. O ex-presidente Luiz Inácio Lula da Silva foi lançado como pré-candidato do partido, porém como foi condenado em segunda instância a 12 anos e um mês de prisão pelos crimes de corrupção passiva e lavagem de dinheiro, o partido e Lula aguardam o julgamento dos últimos recursos. No entanto, como os recursos não podem mudar a condenação, a expectativa é que Lula recorra ao Tribunal Superior Eleitoral (TSE) em busca de uma autorização para se candidatar, já que a Lei da Ficha Limpa prevê a impugnação das candidaturas de políticos condenados em segunda instância. Outros nomes cotados dentro do partido são o do ex-governador da Bahia Jaques Wagner e o do ex-prefeito de São Paulo Fernando Haddad.

12 – Fernando Collor (PTC) – Centro: O senador Fernando Collor de Mello (PTC-AL) anunciou nesta sexta-feira, 19, que pretende se candidatar novamente à Presidência da República nas eleições gerais deste ano. "Digo a vocês que esse é um dos momentos mais importantes da minha vida pessoal. Hoje, a minha decisão está tomada: sou, sim, pré-candidato à Presidência da República", afirmou o senador alagoano, que participou de um evento na cidade de Arapiraca, no interior do Estado, com a prefeita, Célia Rocha (PTB).

13 – Michel Temer/ Henrique Meirelles (MDB) – Centro: O ex-ministro da Fazenda, Henrique Meirelles, acertou sua filiação ao MDB e a saída da pasta para se dedicar à campanha eleitoral. Meirelles vinha negociando uma filiação ao MDB há várias semanas, desde que ficou claro que seu partido, o PSD, lhe negaria a legenda para ser candidato à Presidência. O ex-ministro, no entanto, recebeu um prazo para tentar viabilizar sua candidatura, já que o presidente, ao contrário dos demais candidatos que precisam deixar seus cargos públicos, pode deixar para decidir sua candidatura até julho. Se conseguir intenções de voto melhores que as do presidente, Meirelles pode ser o candidato do partido.

14 – Joaquim Barbosa (sem partido) – Centro Esquerda: Após meses de idas e vindas sobre lançar um candidato próprio para a disputa presidencial, o PSB aposta na filiação de Joaquim Barbosa, ex-ministro do STF (Supremo Tribunal Federal) para ter um nome na corrida pelo Palácio do Planalto. Para concorrer, o jurista precisa se filiar à legenda até o próximo sábado, 7 de abril. O presidente do PSB, Carlos Siqueira, e outros nomes da sigla têm conversado com Barbosa e a expectativa é positiva, de acordo com o vice-presidente da legenda, Beto Albuquerque. "Seguimos aguardando por ele. Precisamos tê-lo conosco", afirmou ao HuffPost Brasil. O magistrado registrou

5% das intenções de voto no melhor cenário, de acordo com pesquisa Datafolha divulgada em janeiro.

Como pode ser percebido que a maioria dos candidatos possuem alinhamento com a ideologia de esquerda e que desde as eleições de 2014 e, principalmente, a partir de 2015, o processo político da crise brasileira produziu, entre outros resultados, a polarização política entre direita e esquerda, acionada, sobretudo, pela primeira, e a guinada à direita na relação de forças. Dois tipos de direita emergiram: o tucanato (que só é direita no pensamento petistas) e os nacionais conservadores liderados pelo deputado Jair Bolsonaro.

A fragmentação das candidaturas de centro e de direita é fruto da ausência de uma liderança capaz de articular politicamente os grupos favoráveis ao impeachment da presidente Dilma Rousseff, déficit explicável também pela crise dos partidos políticos no Brasil. O que favorece a eleição da esquerda que possui partidos estruturados e líderes reconhecidos.

"Hoje, só o Lula é quem aglutina, com cerca de 35% do eleitorado. Claro que, no segundo turno, é outra disputa, mas no primeiro ele leva fácil, aparentemente", diz Maria do Socorro Sousa Braga, cientista política e professora da Universidade Federal de São Carlos (Ufscar).

Segundo pesquisa da Confederação Nacional do Transporte (CNT), no cenário em que aparece como candidato, Lula (PT) liderava com 33,4% das intenções de voto, seguido pelo deputado Jair Bolsonaro (PSL) 16,8% , Marina Silva (Rede), com 7,8% e Geraldo Alckmin com 6,4%

Mas mesmo aparecendo em 4º nas pesquisas, com a saída de Lula na disputa, muito provavelmente o candidato do consenso parece ser do ex-governador Alckmin. Uma vez que, tendo como base a seguinte fala d o prefeito de Ribeirão Preto, o tucano Duarte Nogueira:

"Eleitores que votaram no PSDB nas últimas eleições estão declarando voto no Bolsonaro. Isso está acontecendo no nosso círculo de amigos, pessoas que sempre votaram no PSDB e agora estão dizendo que vão de Bolsonaro. Acredito que esse é um quadro facilmente reversível quando a campanha começar e ficarem evidente as fragilidades da candidatura do adversário", disse ao jornal.

Isto deve acontecer pelo fato do tucano ter todo um aparato que passa confiança aos eleitores, algo que até o presente momento não foi transmitido por Bolsonaro.

Já em relação aos candidatos ditos liberais (Flávio Rocha e João Amoêdo) é pouco provável que, na próxima eleição, os liberais possam obter um resultado vigoroso, considerando o tempo curto decorrido desde o início deste processo, mas o debate político hoje já é diferente.

O ambiente de ideias já mudou. Para o cientista político Bruno Garschagen atualmente exite uma pressão sobre os potenciais candidatos à presidência para se posicionar a favor ou contra a liberdade de mercado, as liberdades individuais, em relação a valores e ética. Se compararmos com o que aconteceu nas eleições anteriores, nas quais havia a disputa entre os dois projetos de esquerda, o PT e o PSDB, com gradações distintas de intervencionismo, essa eleição já vai representar, em termos de ideias, uma mudança muito grande. Essa é uma novidade muito saudável.

A prova disto, segundo Garschagen, é o fato do deputado Jair Bolsonaro, estar sendo muito cobrado sobre suas posições econômicas, e o mesmo anunciou que, se ele vencer a eleição, seu ministro da Fazenda poderá ser o economista Paulo Guedes, que tem uma longa história em defesa das ideias liberais. Numa outra frente, há o Partido Novo, que recebeu recentemente a adesão do economista Gustavo Franco, ex-presidente do Banco Central, que era quem defendia o liberalismo econômico no governo FHC.

Sendo assim, pelo cenário atual, fica claro que a esquerda liderada pelo PT e PSDB serão em outubro os principais players desta eleição e tendo como coadjuvantes os também esquerdistas PDT (Ciro Gomes) e Rede (Marina Silva). Eu realmente não acredito que o deputado Jair Bolsonaro irá sobreviver ao período de campanha eleitoral, pois num cenário sem Lula o pré-candidato do PSL deixa de ser pedra e vira vidraça.

O QUE SE ESPERAVA DOS LIBERAIS NAS ELEIÇÕES DE 2018

No dia 15 de abril de 2018 foi publicado mais uma pesquisa de intenção dos votos com os pré-candidatos a presidência da república feita pelo Datafolha (4.194 entrevistas, entre os dias 11 e 13 de abril, em 227 municípios). A margem de erro é de 2 pontos percentuais, para mais ou para menos. No cenário 1 (Se Lula for candidato e o MDB lançar Henrique Meirelles), temos o seguinte resultado:

1) Lula (PT): 31%

2)   Jair Bolsonaro (PSL): 15%

3)   Marina Silva (Rede): 10%

4)   Joaquim Barbosa (PSB): 8%

5)   Geraldo Alckmin (PSDB): 6%

6)   Ciro Gomes (PDT): 5%

7)   Álvaro Dias (Podemos): 3%

8)   Manuela D'Ávila (PC do B): 2%

9)   Fernando Collor de Mello (PTC): 1%

10) Rodrigo Maia (DEM): 1%

11) Henrique Meirelles (MDB): 1%

12) Flávio Rocha (PRB): 1%

13) João Amoêdo (Novo);

14) Paulo Rabello de Castro (PSC);

Guilherme Boulos (PSOL);

Guilherme Afif Domingos (PSD): 0%

Em branco / nulo / nenhum: 13%

Não sabe: 3%

Podemos também avaliar esta pesquisa dividindo os candidatos em: i) Esquerda (PSOL e

PC do B); ii) Centro Esquerda – Social Democrata (PT, Rede; PSB; PSDB e PDT); iii) Centro (Podemos, MDB, PTC, PSC e PSD); iv) Centro Direita (PSL e DEM); v) Direita (PRB); vi) Liberal (Novo)

1) Centro Esquerda: 60%

2) Centro Direita: 16%

3) Centro: 5%

4) Esquerda: 2%

5) Direita: 1%

6) Liberal: 0%

Fica claro portanto que o Brasil continua com inclinação a esquerda, apesar do fenômeno Bolsonaro o restante dos candidatos com reais chances possuem ideologia mais voltada para o social, coletivismo, populismo e demais ismos socialistas. E os dois candidatos que realmente possuem ideologia mais voltadas as liberdades individuais que são o Flávio Rocha (PRB) e João Amoêdo (NOVO) ainda estão inexpressíveis.

Sendo assim fica uma pergunta no ar: Não seria melhor a unificação das candidaturas do Rocha com o Amoêdo? O objetivo deste texto é refletirmos em qual seria a melhor estratégia. Vale a pena transcrever o primeiro parágrafo da reportagem da revista Veja (2013) e citado pelo Jornal Opção (2018):

"O espectro político brasileiro é peculiar: na ponta esquerda, tem o jurássico PCO. Passa por socialistas radicais, como o PSOL e o PSTU, pelos comunistas conformados do PPS, pelos social-democratas do PT e do PSDB, pela esquerda verde do PV e se encerra no centro, onde estão PP e DEM. Não há, entre os 27 partidos brasileiros, um que se assuma como direita. E o recente anúncio da criação do PSD, que se define como social-democrata, abre um buraco no DEM e empurra o eixo da política brasileira ainda mais para a esquerda".

Infelizmente no Brasil, o conceito "direita e liberal" foi demonizado. Poucos são aqueles, sejam políticos quanto intelectuais, assumem ser de direita, preferindo se colocar em cima do muro e defender ao mesmo tempo ideias de esquerda, direita, estatista e liberais. E vivemos a falácia que a esquerda defende os direitos humanos, a direita defende os militares e os liberais defende a escravidão.

Neste início de disputa eleitoral temos alguns candidatos que estão visivelmente em cima do muro e com medo de ficarem "marcados" como fascista (apelido carinhoso dado pela esquerda aqueles que ousam a se definir como direita) e neoliberais (outro apelido sensacional criado pela esquerda aos socialistas fabianos como os tucanos), são os casos de Jair Bolsonaro (PSL), Henrique Meirelles (MDB) e Rodrigo Maia (DEM).

Já João Amoêdo (NOVO) tem pregado a busca pela eficiência na gestão, lembrando que fora disso os cidadãos acabam dando mais poder para o Estado aumentar a carga tributária, porque o dinheiro que é entregue a ele não é suficiente para atender as necessidades. Ele defende que cada cidadão é o melhor gestor de sua vida e que o governo tem de atuar nas áreas essenciais, como educação (por meio de vouchers), saúde (também utilizando vouchers) e segurança.

É importante ressaltar que existe um formulador por trás de todas as ideias econômicas de Amoêdo, o economista Gustavo Franco e que o pré-candidato se auto afirma como Liberal, sem temer (sem trocadilhos) os preconceitos existes

Já Flávio Rocha prega também a necessidade de abrir a economia nacional (o Brasil é um dos 30 países mais hostis ao investimento). E afirmou que é candidato a presidente, para ser o guardião da competitividade. Rocha defende as quatro reformas que considera fundamentais: trabalhista, tributária, previdenciária e a do Estado. Como pré-candidato, Rocha recebeu o apoio do Movimento Brasil Livre (MBL) e em março, filiou-se ao PRB, o braço político da Igreja Universal do Reino de Deus, para tentar a Presidência da República.

E esta aproximação com a igreja demonstra um posicionamento mais conservador de Rocha em relação a Amoêdo, fazendo com que o mesmo seja mais um candidato de "direita" do que "liberal" e portanto dificultando uma estratégia de unificação entre as duas candidaturas.

Mas esta separação não é ruim, pelo contrário, pode ser favorável pois temos em 2018 dois "palanques" defendendo a liberdade econômica e a diminuição do estado brasileiro. Mostrando também as diferenças existentes entre o pensamento liberal e conservador para os costumes, o que poderá abrir caminho para as eleições de 2022.

É válido alertar aos eleitores que existem 4 tipos de liberais, segundo o Instituto Liberal (2018):

Liberal Objetivista: defende o governo limitado e financiado voluntariamente apenas para cuidar da segurança e da justiça.

Anarco Capitalista: defende a abolição do governo monopolista no uso da coerção, acham possível a competição entre vários governos mesmo numa mesma jurisdição.

Liberal Clássico: defende o governo mínimo financiado com impostos para cuidar da segurança, da justiça e de algum assistencialismo.

Liberal da boca para fora: defende o governo mínimo, incluindo nele o BNDES, reservas de mercado, subsídios, licitações, privilégios, favorecimentos, mas tudo só para ele, no mínimo. Quem sabe também para os amigos.

PARALISAÇÃO DOS CAMINHONEIROS, LIBERDADE E AS ELEIÇÕES

Antes de iniciar a avaliação deste cenário em relação as eleições presidenciais de outubro/2018 fazemos relembrar os fatores que provocaram a paralização dos caminhoneiros que ocorreu entre o final de maio e início de junho/2018:

O governo federal por meio do BNDES, com a justificativa de estimular a economia e ajudar os caminhoneiros e a indústria de veículos pesados, decidiu conceder empréstimos baratos para que indivíduos autônomos e também transportadoras comprassem caminhões a juros baixos e a várias prestações. Isto resultou no aumento da quantidade de caminhões em circulação, bem como o número de caminhoneiros autônomos, o que gerou maior concorrência e com isso os preços dos fretes caíram, diminuindo assim o poder de compra dos caminhoneiros.

Por outro lado a concorrência impediu que os aumentos nos custos do frete ao longo do tempo fossem repassados para o cliente, que continuou caindo. Então os caminheiros estavam endividados, com aumento nos custos, queda na receita e perdendo cada vez mais qualidade e, portanto, mercado. A subida do preço do diesel terminou por empurrar de vez o setor à bancarrota e com a total inviabilidade operacional, os caminhoneiros foram protestar.

Então podemos perceber que a política de preços da Petrobras foi somente a ponta do iceberg e que a principal causa do colapso foi a implantação de uma medida intervencionista com o intuito de ajudar um setor acabou deixando-o em ruínas. E qual foi a solução encontrada.... mais intervenção!!!

Portanto esta análise mais efetiva da greve dos caminhoneiros nos leva a entender que não há, na prática, nenhuma diferença entre esta e as manifestações que ocorreram em junho de 2013, quando, tomadas pela sede de "justiça social!?" e clamando pela redução nos preços dos transportes coletivos, milhares de pessoas foram as ruas não para lutar contra a ineficiente atuação estatal no transporte público mas sim para pedir mais intervenção e a absurda pedida do "tarifa zero".

E estes movimentos esquecem que os preços devem ser resultado da oferta e demanda (aula básica de economia que nenhum intervencionista jamais entenderá) e, quando vinculada a monopólios, a oferta tende a ser inflexível e que reduzir preços na canetada tende a gerar maiores e mais graves problemas para a economia como um todo e no fim.

Mas este movimento trouxe uma novidade, a esquerda perdeu a vez e o espaço entre o povo trabalhador. Esses caminhoneiros, por mais que protestem pedindo a solução errada, perceberam mesmo que de forma míope que o problema no Estado encontra-se em seu crescimento abusivo; mesmo que solução seja por maior intervenção, os grevistas já começaram a notar o problema dos impostos abusivos e como ela alimenta a corrupção e – e mais do que isso, expulsaram a esquerda das manifestações. Portanto, no campo cultural a situação está se alterando. Não é uma batalha entre patrão e empregado, mas sim entre o cidadão contra o estado. E nesta mudança esta a grande alteração para as próximas eleições.

E COMO QUAL FOI O POSICIONAMENTO DE CADA PRÉ-CANDIDATO?

O pré-candidato pelo PDT Ciro Gomes afirmou em seu Twitter que "alta dos combustíveis é uma aberração" e criticou a Petrobras, em tentar entender o problema e sinalizando que uma política mais intervencionista seria a solução.

Já a pré-candidata pelo PC do B Manuela D'Ávila fez uma série de críticas e cometendo o erro de praxe dos intervencionistas "O liberalismo entreguista está quebrando o país em tempo recorde", disse. Mas como um monopólio estatal pode ser comparado ao liberalismo defensor do livre mercado.... só mais um discurso repetido da esquerda e seus "moinhos".

O economista Paulo Rabello de Castro, pré-candidato pelo PSC, afirmou que para solucionar a crise é preciso "criar 1 fundo de estabilização gerenciado fora do ambiente de Governo". O ex-presidente do BNDES defendeu ainda uma reforma tributária. Mas continuou acreditando na intervenção como solução.

Já o pré-candidato pelo Novo, João Amoêdo, defendeu a privatização da Petrobras, o corte de gastos do governo, a redução de impostos em todos os setores e o investimento em novos meios de transporte e fontes de energia. Algo que faz tremer boa parte deste país.

Pré-candidato pelo Podemos, o senador Álvaro Dias (PR) manifestou apoio às paralisações pelo país. Segundo ele, os protestos não podem ser desprezados.

A pré-candidata pela Rede, Marina Silva, defendeu que a Petrobras faça mais intervenções para segurar o preço dos combustíveis produzidos no Brasil e que ela tenha uma margem de manobra para segurar os valores.

O pré-candidato pelo PSL, deputado Jair Bolsonaro tentou se posicionar como maestro, no primeiro momento apoio a paralização mas depois se prontificou como uma voz conciliadora ao pedir o fim do movimento.

E como resultado, na primeira pesquisa nacional desde a greve sobre as intenções de voto para o primeiro turno da eleição presidencial, Bolsonaro saiu à frente contra três relações diferentes de potenciais concorrentes, com 21-25% dos votos. Três quartos de seus adeptos dizem que não vão mudar seu voto antes do dia das eleições.

O rival mais próximo de Bolsonaro, Ciro Gomes, de centro-esquerda que oportunamente se posiciona com um populista, recebeu o apoio de 11-12% dos eleitores. Geraldo Alckmin foi apoiado por apenas 6 a 7% dos eleitores.

Para o cientista político Rafael Cortez, a situação atual, a paralização demonstrou a crise de autoridade do governo Temer: "Essa crise deve afetar o tipo de discussão que o País vai enfrentar em ano eleitoral. Dificulta a construção de um ambiente reformista para que o País possa tomar uma trajetória positiva de desenvolvimento econômico. Logicamente, que afeta o contexto da eleição presidencial", afirmou. O que fortalece o posicionamento autoritário do deputado Jair Bolsonaro.

O especialista em políticas públicas Emerson Masullo lembra que questões básicas da economia, como o desemprego, não foram resolvidas. Os especialistas temem uma grande abstenção nas eleições de outubro, outro ponto positivo para Bolsonaro.

Entretanto, parte da esquerda comemorou o fato dos debates sobre a privatização da Petrobras terem chegado a todas as classes sociais, mas, assustou-se com as manifestações pró-intervenção militar.

As lideranças que apoiaram o governo de Michel Temer estão engessadas pela perda visível de autoridade do presidente e com o derretimento do seu capital político – se é que o mesmo existia.

O cientista político Paulo Kramer percebeu, pelo menos via redes sociais, uma vantagem significativa para Bolsonaro na mobilização dos caminhoneiros. Para ele, a ausência de uma candidatura mais competitiva torna os problemas expostos pela insatisfação popular ainda mais complicados.

"Surfando na onda dos protestos, uma candidatura como a do Bolsonaro pode se sentir tentada a voltar aos seus mais primitivos instintos estatizantes e nacionalistas. O Brasil precisa do contrário disso", diz o professor da

Universidade de Brasília (UnB), para quem o protagonismo nos movimentos de insatisfação política aumenta a responsabilidade do deputado federal pelo Rio de Janeiro neste momento.

OS CANDIDATOS AO PLANALTOEM 2018 E SUAS TENDÊNCIAS ECONÔMICAS

A eleição presidencial marcada para o dia 7 de outubro, e encerrado o período de convenções, 13 nomes foram oficialmente na disputa pelo Palácio do Planalto. Os partidos tinham até o dia 5 de agosto para oficializar seus candidatos. E até o dia 15 de agosto para registrar a chapa.

O exercício deste texto é apresentar qual o viés econômico de cada candidato e qual o tamanho de intervenção estatal ele está disposto a aceitar.

1 - **Álvaro Dias** – Podemos/PR/ Viés econômico: Keynesiano/ Nível de Intervenção Estatal: Moderado (via regulação) / Ideologia Política: Centro-Esquerda/ Início da carreira política: 1968 pelo MDB

2 - **Fernando Haddad** – PT/SP/ Viés econômico: Socialista/ Nível de Intervenção Estatal: Alto/ Ideologia/ Política: Esquerda/ Início da carreira política: 2012 pelo PT

3 - **Jair Bolsonaro** – **PSL/RJ/** Viés econômico: Liberal (Paulo Guedes) / Nível de Intervenção Estatal: Incógnita/ Ideologia Política: Direita Conservador Nacionalista/ Início da carreira política: 1989 pelo PDC

4 - **Marina Silvia** – **Rede/AC/** Viés econômico: Keynesiana/ Nível de Intervenção Estatal: Alto (via regulação) /Ideologia Política:

Centro-Esquerda Conservadora/ Início da carreira política: 1989 pelo PT

5 - Ciro Gomes – PDT/CE/ Viés econômico: Keynesiano (Impressora de dinheiro) / Nível de Intervenção Estatal: Alto (via regulação) / Ideologia Política: Ferreira Gomes/ Início da carreira política: 1982 pelo PDS

6 - Geraldo Alckmin – PSDB/SP/ Viés econômico: Keynesiano/ Nível de Intervenção Estatal: Moderado (via regulação) / Ideologia Política: Centro-Esquerda/ Início da carreira política: 1972 pelo MDB

7 - Guilherme Boulos – PSOL/SP/ Viés econômico: Socialista/ Nível de Intervenção Estatal: Alto/ Ideologia Política: Esquerda/ Início da carreira política: Novato

8 - João Amoedo – NOVO/SP/ Viés econômico: Liberal/ Nível de Intervenção

Estatal: Baixo/ Ideologia Política: Liberal / Início da carreira política: Novato

9 - Henrique Meireles – MDB/GO/ Viés econômico: Keynesiano/ Nível de Intervenção Estatal: Moderado (via regulação) / Ideologia Política: Centro-Direita/ Início da carreira política: 2001 pelo PSDB

10 - Cabo Daciolo – Patriota/RJ/ Viés econômico: Incógnita/ Nível de Intervenção Estatal: Alto/ Ideologia Política: Direita Conservador Nacionalista/ Início da carreira política: 2014 pelo PSOL

11 - João Goulart Filho – PPL/RS/ Viés econômico: Socialista/ Nível de Intervenção Estatal: Alto/ Ideologia Política: Esquerda/ Início da carreira política: 2012 pelo PDT

12 - José Maria Eymael – DC/SP/ Viés econômico: Keynesiano/ Nível de Intervenção

Estatal: Moderado/ Ideologia Política: Direita Conservador/ Início da carreira política: 1986 pelo PDC

13 - Vera Lúcia – PSTU/SP/ Viés econômico: Comunista/ Nível de Intervenção Estatal: Alto/ Ideologia Política: Esquerda/ Início da carreira política: novato

Luís Inácio Lula da Silva - Cabo Eleitoral – PT/SP/ Viés econômico: Lula/ Nível de Intervenção Estatal: Lula/ Ideologia Política: Lula/ Início da carreira política: Sempre

O PRIMEIRO DEBATE - ELEIÇÕES 2018

O primeiro debate entre os presidenciáveis começou de uma forma trágica. Na abertura do programa o apresentador deve a infelicidade de dizer que o presidiário Luís Inácio Lula da Silva não poderia participar do debate pois fora impedido pela justiça. Na verdade, ele não participou pois está preso e inelegível pela Lei da Ficha Limpa. Novamente o nosso jornalismo preferiu um Fake News ao invés de dizer a verdade pura e simples.

E quem foi impedido de participar do debate foi o candidato João Amoedo do Novo. A TV Bandeirantes se baseou na Lei 13.488/2017, que estabelece as regras da campanha, determina que as emissoras de rádio e TV são obrigadas a convidar para os debates os candidatos dos partidos que tiverem no mínimo 5 parlamentares no Congresso Nacional. Quanto aos demais candidatos, as emissoras têm autonomia para convidar ou não. Como o NOVO foi criado em 2016 o mesmo não possui deputados federais.

Mas para candidata Marina Silva foi adotado outro posicionamento. Mesmo a REDE tendo apenas 3 representantes no Congresso: os deputados Miro Teixeira (RJ) e João Derly (RS) e o senador Randolfe Rodrigues (AP) a candidata foi convidada. Isto nos faz lembrar aquele velho ditado – "Aos amigos favores, aos inimigos a Lei"

Já o debate em si foi fraco e sem uma estratégia definida entre os candidatos. Ficou evidente que o psdebista Geraldo Alckmin, dono do maior tempo na propaganda eleitoral gratuita na TV, foi o alvo preferencial dos adversários. E que Bolsonaro e Ciro Gomes, com poucos segundos na propaganda eleitoral, acabaram sendo em certa medida "ignorados" pelos demais.

Um ponto assustador deste debate foi o fato de todos os candidatos colocarem no Estado/ Governo a solução dos problemas. Pouco foi dito de como o grau intervencionista do Estado brasileiro é a causa raiz da crise. Dentre os absurdos o que mais se destacou foi a proposta do candidato Ciro Gomes em criar a "bolsa SPC/Serasa" na qual o Estado brasileiro!!?? irá limpar todos "nomes sujos" da nação. Como dito posteriormente pela vice Kátia Abreu, tal medida seria o REFIS para pessoa física.

E o ponto alto do debate foi quando o candidato Bolsonaro respondeu a pergunte feita pelo candidato Álvaro Dias em relação à diferença salarial entre homens x mulheres: "Estado não deve interferir na questão salarial"

Creio que com o início das campanhas eleitorais e com pesquisas mais fidedignas os ataques devam aumentar e as estratégias visando o segundo turno devam ser definidas. Por enquanto os candidatos estão somente tateando. Mas também fica claro que o Bolsonaro, se quiser ser percebido como um liberal, tem que alterar seu discurso e começar a se mostrar como um não-estado, um simplificador da vida dos brasileiros.

Haddad. Tal movimento pode provocar uma grande surpresa nas eleições do dia 07.out, que seria a ida do candidato do PDT, Ciro Gomes, ao segundo turno (ele possui 11% das intenções de voto e 22% de rejeição; e também venceria o Bolsonaro por 46% a 42%). Esta mudança pode ocorrer devido ao fenômeno do "voto útil".

Pelo cenário atual os eleitores do PSDB e do voto útil no Ciro Gomes são os principais players desta eleição pois serão eles o pêndulo na balança entre a vitória da Direita no primeiro turno ou não. Para Bolsonaro continuar tendo a chance real de vencer, ele tem que cada vez mais olhar para o brasileiro médio e se consolidar como o agente capaz de mudar o país. Fica claro, portanto que o principal foco desta eleição se encontra mais nas questões relacionadas aos valores da sociedade do que nos problemas do Brasil.

Parafraseando o ex-presidente Lula na sua "Carta ao povo brasileiro" de 2002, o Brasil quer mudar. Mudar para crescer, incluir, pacificar. Mudar para transformar a nossa economia estatizante dos últimos 24 anos.

O Estado Brasileiro atualmente esta maior que a própria nação e por isso se achar no direito de decidir o que deve ou não ser feito. Isto, é: como devemos educar nossos filhos, quais devem ser as nossas orientações sexuais, o que devemos comer, como devemos pensar.

Durante os governos FHC, Lula, Dilma-Temer, o Estado utilizando do discurso da inclusão fez o prior crime contra uma nação: destruir os valores do indivíduo em favor de uma tal coletividade. Situação na qual vem sendo retirado de cada brasileiro o direto de pensar, agir e ser diferente. A ditadura cultural do politicamente correto quase acabou com uma geração ao tentar retirar a vontade de questionar e de ser disruptivo.

No campo econômico, este aumento exagerado, fez com que o custeio da máquina pública sufocasse por meio dos impostos a capacidade de investimento do nosso setor produtivo. Tal situação é conhecida com "Custo Brasil". E tudo isto tendo como discurso vazio a distribuição de riquezas e o fim da desigualdade social.

Mas o sentimento demonstrado em quase todo território nacional e que o atual modelo esgotou-se. Por isso, o país não pode insistir nesse caminho, sob pena de ficar numa estagnação crônica ou até mesmo de sofrer, mais cedo ou mais tarde, um colapso econômico, social e moral (novamente aqui parafraseando o ex-presidente Lula).

Neste momento, caro companheiro petista, o Brasil precisa de você. Concordamos que o deputado Jair Bolsonaro não será a solução, mas com ele vem a oportunidade de mudança que o Brasil tanto precisa.

Acredito que o ex-prefeito Fernando Haddad possui algumas das qualidades necessárias para liderar a nação. Entretanto a sua eleição como presidente da república significaria a manutenção do atual modelo falido. Neste ponto concordo com o senador eleito Cid Gomes, o PT precisa fazer uma auto avaliação para repensar cada vez mais o quão importante é para o indivíduo a sua liberdade.

Isto ficou evidente devido a crescente adesão à candidatura de Jair Bolsonaro que assume cada vez mais o caráter de um movimento em defesa da nação, dos direitos e anseios fundamentais a liberdade individuais. Foi mais um movimento contra o atual modelo (PT/PSDB) do que um voto de apoio ao candidato do PSL.

Trata-se de uma vasta coalizão, em muitos aspectos suprapartidária, que busca abrir novos horizontes para o país. O povo brasileiro quer mudar para valer. Recusa qualquer forma de continuísmo, seja ele assumido ou mascarado (parafraseando o ex-presidente Lula).

O país quer voltar a trilhar o caminho dos valores de nação, família e indivíduo. E para isso têm plena consciência de que a superação do atual modelo, reclamada enfaticamente pela sociedade, não se fará num passe de mágica, de um dia par ao outro. Não há milagres na vida de um povo e de um país. Será necessária uma lúcida e criteriosa transição entre o que temos hoje e aquilo que a sociedade reivindica. O que se desfez ou se deixou de fazer em vinte e quatro anos não será compensado em quatro.

Portanto a redução do Estado passa a ser é o único remédio para impedir que se perpetue um círculo vicioso entre metas de inflação baixas, juro alto, oscilação cambial brusca e aumento da dívida pública.

Amigo petista, sou cético como você em relação a capacidade do próximo governo Jair Bolsonaro em mudar o modelo. Mas diferente de você acredito que só iremos conseguir se iniciarmos o processo de mudança.

Hoje o antagonismo das eleições demonstrou ser entre os progressistas versus os conservadores. Que já gerou no primeiro uma mudança impactante em relação ao grau de intervenção do Estado na vida dos cidadãos. Creio que em 2022 o antagonismo será entre os estadistas/coletivistas versus os libertários.

Você deve estar se perguntando: qual o motivo desta carta? É que eu quero pedir aos amigos que após as eleições do dia 28.out.18, vocês possam refletir sobre os elementos que foram criados por vocês mesmo que resultaram na aniquilação do atual modelo e no surgimento do fenômeno Bolsonaro. E aqui percebemos outro acerto na fala do senador eleitor Cid Gomes: que a arrogância do PT criou o sentimento anti-petista que por sua vez transformou o deputado Jair Bolsonaro de politico do baixo clero para o novo Sassá Mutema (salvador da pátria).

Estou vendo/ lendo muitos apoiadores do Haddad pedindo o voto em defesa da democracia e das instituições. Por isso vale ressaltar que a maioria dos movimentos autoritários surgiram com o argumento de defender a democracia e as instituições.

E com o passar do tempo a democracia e as instituições se tornam mais importantes que os indivíduos. E assim nasce o governo totalitário.

DECLARAÇÃO DE VOTO

O dia 28. outubro será um dos dias mais importantes da história da nossa república. A disputa está concentrada em uma única pauta: manter o Brasil na agenda progressista global ou voltar para os valores conservadores judaico-cristão.

Os pontos relacionados ao papel do estado, economia, educação, saúde, segurança dentre outros passaram inócuos. Foi a eleição dos anti e da rejeição.

A eleição entre o suplente e o capitão. Ambos não demonstraram em momento algum a capacidade para governar o país.

Mas como não sou de ficar em cima do muro, vou votar de acordo com a minha fé. Vou votar contra este partido destruidor e perseguidor da família tradicional. Desde partido que nunca buscou unir a nação (o único momento foi na carta aos brasileiros em 2002). O partido que banalizou a corrupção com a desculpa esfarrapada que os fins justificam os meios.

MEU VOTO FOI BOLSONARO 17

Mesmo acreditando que a partir do dia 02.jan.19 estarei na oposição e defendendo a menor participação do estado brasileiro nas nossas vidas.

#PTNÃO

PÓS ELEIÇÃO

Hoje à noite recebi uma notícia que alguns meses atrás eu achava impossível. O lulapetismo foi derrotado nas urnas e por uma campanha sem utilização do fundo partidário e liderada por um político do baixo clero.

A campanha fez algo incrível, conseguiu via redes sociais unir os conservadores com boa parte dos liberais. E ainda foi essencial para eleição do primeiro governador liberal, Zema - NOVO MG.

A escolha dos ministros tende a ter como base critérios técnicos e não político partidário. A começar pelo Paulo Guedes.

Convido agora os eleitores que não votaram no candidato do PSL para que no início do novo governo façam uma oposição crítica e não mimizenta e vingativa. O Brasil precisa neste momento de todos nós.

Formar um Governo de tão vastas e complexas proporções é, já por si, um sério empreendimento, mas devo recordar ainda que estamos na fase preliminar duma das maiores batalhas da história, que fazemos frente a estagnação econômica da nação e a polarização do famoso "nós contra eles". Reforçando é um momento de união.

Perguntam-me qual seria a minha ideia de política nesta nova fase? Diminuição do estado e valorização dos indivíduos

Perguntam-me qual o meu objetivo? Diminuição da necessidade do povo brasileiro em depender dos políticos

Compreendam bem: não sobreviverá o Brasil, não sobreviverá tudo o que a nossa nação representa, não sobreviverá esse impulso que através dos tempos tem conduzido o homem para mais altos destinos: a vontade de crescer, de se desenvolver.

Hoje a página Novo Liberal reassume a tarefa de divulgar as ideias do liberalismo e da Escola Austríaca com entusiasmo e fé. Tendo a certeza de que a nossa causa não pode perecer entre os homens. Neste momento, sinto-me com direito a clamar o auxílio de todos, e digo:

Unamos as nossas forças e caminhemos juntos.

Brasil Livre com fé em Cristo

2018 AINDA NÃO FOI O ANO DOS LIBERAIS, MAS AVANÇAMOS BASTANTE

Estamos vivenciando um momento histórico em relação a nossa situação política. Muito tem se falado que as eleições de 2018 levaram o país a uma guinada conservadora à direita, fruto da descrença da população em relação a velha política e na possibilidade do deputado Jair Bolsonaro ser o pivô da mudança.

Está situação tem causado um grande debate entre os liberais pois não existe um candidato realmente dito como liberal com condições de vitória e o Bolsonaro como o principal nome da "direita".

Sendo assim, é possível afirmar que mesmo em declarações recentes, as falas do deputado ainda são opiniões genéricas. E se por um lado o presidente eleito Jair Messias Bolsonaro defende o livre de mercado (com o apoio do futuro ministro Paulo Guedes), o deputado federal agiu diferente. Por exemplo: se absteve de votar no Projeto de Lei da Terceirização (PL 4330/04). Tal postura levou muitos liberais a se posicionarem contra a eleição de Bolsonaro.

Ficou claro durante a campanha o confuso posicionamento "nacional desenvolvimentismo liberalista" de Jair Bolsonaro, no qual demonstra alguma simpatia por ideias de mercado enquanto apoia outras restrições, como a reserva de mercado de recursos como Nióbio. Já em relação aos costumes, embora defenda de forma veemente a revogação do estatuto do desarmamento, por seus pronunciamentos entende-se que é a favor da continuidade da guerra às drogas, contrário à adoção de crianças por casais gay e a favor de barreiras migratórias, pautas sólidas entre liberais.

Mas quem foram os eleitores desta candidatura? Percebe-se que eles não possuem relação com os posicionamentos econômicos do presidente eleito, tampouco por uma eventual defesa às liberdades civis. Atualmente Bolsonaro é percebido como a voz opositora ao modelo lulopetista de "transformação" dos valores da sociedade brasileira.

Outro ponto claro em relação ao presidente eleito é o seu interesse em aproveitar o movimento visto na terra tupiniquim que demanda menor participação do Estado na vida dos indivíduos e, dessa forma, promover-se eleitoralmente, mesmo que eventualmente tenham raízes no intervencionismo.

Em meio a tendência de se declarar liberal para se apresentar como "novidade", dois casos despertaram maior atenção: Jair Bolsonaro e João Amoêdo, o primeiro com discurso de "liberdade econômica" e forte conservadorismo. E o segundo que realmente apresentou posicionamento liberal. Em resumo, para exemplificar, o Bolsonaro é o nosso Trump e o Amoêdo o nosso Ron Paul.

O fenômeno Bolsonaro, portanto, apontou para o surgimento de uma reação "conservadora" e não de característica liberal, ou melhor, é na verdade, considerado um bastião de resistência das forças nacionais e tradicionais contra as ações "progressivas" do lulo-tucano-petismo.

Já João Amoedo não venceu as eleições presidenciais de 2018, mas conseguiu consolidar um surpreendente lugar na política nacional. Com uma campanha baseada em doações de eleitores, sem fundo partidário, sem propaganda partidária na TV e meios de comunicação, a "onda laranja/liberal" levantada pelo empresário teve cerca de 2,5% dos votos. Ficando na frente de Marina Silva (Rede), Álvaro Dias (Podemos) e Henrique Meirelles (MDB), chegando perto até mesmo de Alckmin (PSDB). Amoêdo, assim como Bolsonaro, teve nas redes sociais a sua principal base eleitoral.

Outro ponto de vitorioso dos liberais através do NOVO foi o seu avanço no cenário nacional. Vale ressaltar que o partido tem cerca de 25 mil filiados. Em 2016, elegeu 4 vereadores. Nesta eleição, porém, o partido ganhou mais espaço entre deputados federais e estaduais. Disputou governos do Distrito Federal, Rio Grande do Sul, Rio de Janeiro, São Paulo e Minas Gerais. Destes venceu o governo de Minas Gerais, com Romeu Zema.

Outra vitória deste ano foi no poder Legislativo. Foram eleitos 11 deputados estaduais e 8 deputados federais do partido, e uma deputada distrital. Veja abaixo a lista dos deputados federais e estaduais eleitos pelo Novo:

- 11 Deputados Estaduais + 1 Distrital: 4 em SP - Daniel José / Heni Ozi Cukier / Sérgio Victor / Ricardo Mellao. 3 em MG - Laura Serrano / Bartô do Novo / Guilherme da Cunha. 2 no RJ - Chicão Bulhões / Alexandre Freitas. 2 no RS - Fábio Ostermann / Giuseppe Riesgo. 1 no DF - Julia Lucy

- 8 Deputados Federais: 3 em SP - Vinicius Poit / Adriana Ventura / Alexis. 2 em MG - Tiago Mitraud / Lucas Gonzalez. 1 no RJ - Paulo Ganime. 1 no RS - Marcel Van Hattem. 1 em SC - Gilson Marques

Outro ponto importante para o cenário político entre os liberais foi quando no dia 05 de janeiro de 2018, o deputado Jair Bolsonaro anunciou sua filiação ao Partido Social Liberal (PSL). Segue a parte da nota:

"É com muito orgulho que o PSL recebe o deputado Jair Bolsonaro e sua pré-candidatura a Presidência da República. Outrossim, é com muita honra que o deputado se sente abrigado pela legenda, e muito à vontade em um partido onde existe total comunhão de pensamentos", diz o texto.

Outro ponto interessante do comunicado ainda afirma é relacionado da prioridade do "pensamento econômico liberal, sem qualquer viés ideológico, assim como, o soberano direito a propriedade privada e a valorização das forças armadas e de segurança" e "preservar as instituições" e "defender os valores e princípios éticos e morais da família brasileira" também são citados o chavão: "desejos de mudança" de Jair Bolsonaro.

Tal situação seria natural se não fosse o fato do PSL ser o berço do Livres (movimente liberal / libertário que estava crescendo no partido). A divergência do Livres com Jair Bolsonaro pode ser dividida em um bom punhado de categorias, como diferenças ideológicas, políticas, programáticas, econômicas e filosóficas. E o Livre por meio do presidente do diretório gaúcho do PSL teceu críticas mais contundentes do que as minhas em relação ao posicionamento do deputado carioca:

"Não tem nada de liberal. É o tipo de caudilho latino-americano, populista. É um defensor da ditadura. É uma figura com uma trajetória lamentável na política brasileira, fruto também deste momento de polarização que vivemos".

Na época da ruptura do Livres com o PSL, escrevi no meu blog:

"E quanto ao Livres, eu ficaria dentro do partido e travaria uma batalha em relação aos posicionamentos do Bolsonaro e isto seria como a luta sempre inglória do ex-congressista americano Ron Paul que lutava dentro do partido Republicano e fez notório as suas ideias em defesa da liberdade"

Em 2018 o PSL conseguiu eleger: Bolsonaro para presidente, 3 governadores (Santa Catarina, Rondônia e Roraima) além de 53 deputados federais e 4 senadores.

Já o Livres mesmo com a 'ruptura', em 2018 o movimento, agora suprapartidário, elegeu sua própria #BancadaDaLiberdade, como o Livres classificou os eleitos na internet. Ao todo, foram oito congressistas. São eles:

- Rodrigo Cunha (PSDB-AL) para o senado
- Tiago Mitraud (Novo-MG) deputado federal
- Marcelo Calero (PPS-RJ) deputado federal
- Fabio Ostermann (Novo-RS) deputado estadual
- Bruno Souza (PSB-SC), deputado estadual
- Davi Maia (DEM-AL), deputado estadual
- Guilherme da Cunha (Novo-MG), deputado estadual
- Daniel José (Novo-SP), deputado estadual

Tais resultados demonstraram o equívoco feito pelo LIVRES que preferiu se posicionar junto a partidos historicamente de esquerda (PPS e PSB) do que fortalecer e engrandecer mais os quadros do PSL. Continua acreditando que a arrogância e o preconceito em relação ao nome do então deputado federal Jair Bolsonaro quase destruiu o movimento.

Sendo assim, dificilmente o ano de 2018 poderia ser definido como o ano dos liberais, mas pode ser o início da inserção das ideias pró liberdade à sociedade brasileira que ama e defende o estado mesmo não confiando nos seus governantes. Foi um momento histórico, porém de semear e não de colheita.

No último dia 29 de outubro 2020 tivemos a famosa "festa da democracia" na qual a população sai de casa para escolher seus novos "representantes" e governantes. Mas cá entre nós votar é ser feito de bobo e estamos sempre escolhendo entre os menos piores ou brincando de Don Quixote para salvar nossa pele dos "comunistas". Portanto, podemos afirmar que o ato de votar é imoral. Mesmo em situações, na qual exista um candidato que realmente mereça mobilização, votar ainda é uma grande falácia. O fato de que um grupo de indivíduos ("maioria simples") pode determinar um resultado que afeta adversamente a verdadeira maioria (derrotados, votas brancos, nulos e as abstenções) é contra todo e qualquer raciocino de proporcionalidade.

Leiam com atenção as citações a seguir e com honestidade reflita sobre as que estão mais próximas da verdade:

"O voto é o instrumento mais poderoso já inventado pelo homem para acabar com a injustiça e destruir os terríveis muros que prendem os homens porque são diferentes dos outros homens."   Lyndon B. Johnson (ex presidente dos EUA)

"Votar é o direito mais precioso de todo cidadão e temos a obrigação moral de garantir a integridade do nosso processo de votação." Hillary Clinton (candidata derrotada para presidente dos EUA)

"Considero o voto o direito mais sagrado dos homens e mulheres livres." Ronald Reagan (ex presidente dos EUA)

"Os direitos individuais não estão sujeitos a votação pública; uma maioria não tem o direito de retirar os direitos de uma minoria; a função política dos direitos é precisamente proteger as minorias da opressão das maiorias (e a menor minoria na terra é o indivíduo)." Ayn Rand (criadora do Objetivismo)

"Qual foi o burro que inventou a doutrina de que o sufrágio é uma grande bênção e o voto um privilégio nobre?" H. L. Mencken (jornalista e crítico social americano)

"Um homem não é menos um escravo porque tem permissão para escolher um novo mestre uma vez a cada ano". Lysander Spooner (filósofo político)

Um problema evidente das eleições é que todas têm vencedores (minoria) e perdedores (maioria), mas a verdade é que em todas as eleições, os políticos sempre vencem e os indivíduos são os derrotados. Lembrando que as eleições são sempre um jogo fraudado, pois na melhor das hipóteses a fraude ocorre como um estelionato eleitoral (promessas impossíveis).

DEMOCRACIA É UMA FARSA

A democracia é um método de agregação de preferências individuais acerca de diversas questões que afetam o conjunto do coletivo. Mais: tais preferências individuais são ponderadas de maneira igualitária (motivo pelo qual tendem a prevalecer regras de decisão majoritárias, isto é, a maioria simples vence).

O insumo de toda democracia é simplesmente a "preferência eleitoral de cada indivíduo" (ou seja, os votos). Com efeito, há razões de sobra para crer que uma pessoa se equivoca com muito mais facilidade ao votar do que ao tomar decisões sobre sua vida privada. Isso é conhecido como o fenômeno da ignorância racional dos eleitores, fenômeno esse que tende a ser intensificado à medida que o voto de um jovem analfabeto tem absolutamente o mesmo peso que o voto de um professor doutor.

E, por ser um método de agregação de preferências individuais, pode-se argumentar que os erros aleatórios de alguns indivíduos seriam cancelados pelos erros aleatórios de outros indivíduos, gerando como resultado um acerto agregado. No entanto, sabemos da existência de vários preconceitos: por exemplo, e somente em matéria de economia, dispomos de fortes evidências de que os eleitores padecem de um viés antimercado, pró-emprego público, viés anti - lucro, e de um viés assistencialista estatal. Por tudo isso, a agregação de preferências individuais sistematicamente enviesadas gerará decisões coletivas enviesadas. Tal é o fenômeno da irracionalidade do eleitor.

Em suma, as decisões democráticas podem se equivocar por falta de informação dos eleitores, pelo viés preconceituoso deles, pela arbitrariedade do método de agregação e por uma inadequada teoria ética subjacente.

Outro ponto interessante é o fato que todo monopólio é ruim do ponto de vista dos consumidores. Portanto, monopólio, em seu sentido clássico, é entendido como um privilégio exclusivo outorgado a um único produtor de um bem ou serviço — isto é, a ausência de livre entrada em uma linha específica de produção. Sabemos que no nosso sistema eleitoral é vedada a entrada de candidatos sem partido (candidatura avulsa), além da existência de uma série de barreiras para formação de um partido político (exemplo foi o insucesso do presidente em criar seu partido para disputar as eleições de 2020) e por último o poder econômico causado pelo Fundo Eleitoral e Fundo Partidário que favorecem os grandes partidos e os velhos caciques.

O 1º TURNO DAS ELEIÇÕES 2020

Estamos vivenciando uma eleição atípica na qual tivemos pouco tempo de campanha, censura digital para conteúdo dito de "direita", abstenção recorde (fruto do medo em relação a pandemia) e pior, uma imprensa expressamente tendenciosa e produtora de FAKE NEWS contra conservadores.

O resultado das eleições municipais deste ano ainda não foi completamente consolidado, mas já é possível perceber parte dos aspectos mais relevantes da disputa eleitoral. Entre eles: o avanço de partidos de centro "remodelados", abstenção recorde, recuo de partidos de esquerda, atrofia do PT, surgimento de jovens lideranças e, por fim, a capacidade limitada do presidente Jair Bolsonaro de transferir votos que se deve principalmente pelo fracasso na criação do partido Aliança.

Considerando os resultados de 97% dos 5.570 municípios brasileiros em 2020, PSD, DEM, PP, PSL, Avante, Solidariedade, PSC, Patriota e Republicanos já ampliaram sua base de prefeitos em relação a 2016. No mesmo espectro político, PMDB e PSDB foram os principais derrotados.

Mesmo com a desfiliação de Bolsonaro, o PSL triplicou de tamanho em quatro anos, de 30 para 90 prefeituras até agora. Mas nenhuma delas tem mais de 200 mil habitantes. Isto se deve ao aumento absurdo do Fundo Partidário e Eleitoral. Já a sigla reconhecida como "bolsonarista" Avante passou de 15 para 80 (aumento de 433%), também em cidades pequenas. O Republicanos que também surfa na onda conservadora dobrou, de 104 para 208.

Já o DEM, que voltou a ter relevância graças ao apoio ao presidente e o comando do Congresso Federal, cresceu 72%, de 265 para 465. Já o Patriota (com viés nacionalista) cresceu 45%. Então percebemos que mesmo indiretamente o movimento iniciado em 2018 gerou frutos em 2020 mas com um grave ponto: ainda não conseguimos formar os pilares conceituais para direita liberal conservadora; e o pior, durante as eleições foram vistos muito "embates" entre os liberais conservadores e os "surfistas bolsonaristas". Em Goiânia tivemos o exemplo claro no confronte do deputado federal Vitor Hugo com o youtuber Gustavo Gayer (candidato a prefeito pelo DC).

Por outro lado, o PSDB caiu 35% até agora. O MDB, líder de 2016 com 1.028

prefeituras, recuou 25%. Boa parte desses partidos que cresceram em 2020 fazem parte do chamado "centrão", termo usado para referir-se a partidos conservadores sem orientação ideológica clara, que costumam buscar proximidade com o Executivo em troca de cargos e outras benesses.

Já os partidos que orbitam o espectro político que parte do centro em direção à esquerda, os quatro principais perderam terreno até agora: PSB, PDT, PT e PCdoB. Com a pequena exceção foi vinda do PSOL. O PT, que em 2012 elegeu mais de 600 prefeitos, desta vez não deve passar de 200. Outro grande derrotado foi o PSB. O partido elegeu pouco mais de 400 prefeitos em 2016, mas neste ano chega a 249 até agora, uma queda de 40%.

Por outro lado, o campo da esquerda registrou bons resultados eleitorais com novas lideranças políticas, isto pode ser explicado pelo atrofiamento do PT devido a insistência nas bandeiras "Lula Livre", "Foi golpe" e antilavajato.

O 2º TURNO DAS ELEIÇÕES 2020

O segundo turno das eleições municipais brasileiras consolidou em domingo (29/11/2020) o mapa do avanço e recuo dos principais partidos do país que já se desenhava no primeiro turno.

Em resumo, siglas que orbitam o famoso Centrão, como DEM, PP, PSD e Republicanos, aumentaram significativamente em 2020 o número de prefeituras conquistadas em relação a 2016, com destaque para capitais e cidades médias e grandes.

Por outro lado, PSDB e PT, partidos conhecidamente de centro esquerda, foram os principais perdedores nessa comparação de

Executivos municipais. Os tucanos ainda governam a maior população do país, quatro capitais, mas estão cada vez mais limitados a São Paulo. Já os petistas foram varridos das capitais e estão sendo delegados a coadjuvante nos municípios.

Vale destacar o PP que passou de 495 para 685, um ganho de 190 prefeituras. A força do partido é percebida principalmente no Sul e no Nordeste, e em bem menor grau no Sudeste e no Norte.

Já o fisiológico PSD saltou de 539 para 655 prefeituras em quatro anos, um aumento de 116 cidades, principalmente no Sul, no Nordeste e no Norte. A menor presença relativa da sigla é no Centro-Oeste.

Outro partido que foi bem na disputa foi o Republicanos, o braço político da Igreja Universal do Reino de Deus. A sigla perdeu o comando de sua principal cidade, o Rio de Janeiro, mas mais que dobrou o número de municípios governados: 105 para 221 em Goiânia foi eleito o vice-prefeito mas assumiu devido o falecimento do prefeito eleito Maguito Vilela (MDB)

Já o PT, com toda a sua arrogância e prepotência, chegou ao segundo turno em busca de uma recuperação ante o enorme recuo que sofreu no primeiro turno.

Com candidatos em 15 das 57 cidades onde houve segundo turno, o PT venceu em quatro delas, nenhuma capital estadual ou redutos históricos do partido. Ao fim da apuração, os petistas se saíram vitoriosos em Contagem (MG), Diadema (SP), Juiz de Fora (MG) e Mauá (SP). Com isso, dos 630 prefeitos eleitos em 2012, a sigla lulista despencou para a 256 em 2016, e 183 em 2020, tornando-se assim somente o 11º partido com mais prefeitos no país.

O partido continua como força eleitoral de médio porte em prefeituras no Nordeste, no Norte e no Sul. Vale a pena recordar que no passado próximo o ex-presidente, ex - presidiário e condenado Lula chegou a afirmar que tinha conseguido dizimar o PFL (atual DEM) mas hoje é a estrela vermelha que está cada vez mais solitária.

CONCLUSÃO

Ficou claro que a esquerda usou o medo (pandemia e Fake News) como antidoto em relação as ferramentas adotadas pela campanha de Bolsonaro. Outro detalhe: a direita "antibolsonarista" representada pelo MBL na candidatura do deputado estadual Arthur do Val em SP.

O MBL domina a tecnologia do marketing digital e seu candidato engajou a juventude de classe média com o discurso de candidato antissistema. Já os bolsonaristas de forma envergonhada apoiaram e afundaram junto com Russomanno.

Lembrando que o fracasso na eleição municipal em 2020 não significa derrota certa na eleição de 2022. Como a história demonstrou com FHC que perdeu as eleições de 1996 e se reelegeu em 1998 e o Lula que perdeu a eleição de 2004 e se reelegeu em 2006.

E quanto a situação dos petistas, para Wilson Gomes, um dos maiores equívocos é a resistência a olhar o espelho. "O PT está muito envelhecido, sua cúpula está envelhecida, mas o partido não faz nenhuma mudança em sua autoimagem, nenhuma autocrítica, nada", diz.

"O PT não conseguiu se recuperar em relação a 2016, não obteve um grande número de cidades, e teve algumas derrotas bastante simbólicas. A derrota do Jilmar Tatto (candidato petista em São Paulo) foi uma derrota extremamente simbólica, que muito prejudica o partido. Marília Arraes deve ser derrotada, e outra derrota importante é a de Vitória (ES). Portanto, o PT tem muito pouco a comemorar, eu diria que quase nada", disse à BBC News Brasil a cientista política Esther Solano, professora da Universidade Federal de São Paulo (Unifesp).

"Agora surgiram outros concorrentes (no campo da esquerda) que podem dificultar ainda mais sua chance de alcançar postos no Executivo. Os novos atores atrapalham e fica uma esquerda mais fragmentada, que também pode atrapalhar o PT para disputa presidencial. Sem o lulismo forte, com o lulismo decadente, é difícil achar uma candidatura para ir para o segundo turno (da eleição presidencial de 2022)", diz Jairo Pimentel.

Com base neste cenário urge a necessidade de melhorar organização da direita liberal e conservadora para 2022 pois a queda do PT não significou uma queda da esquerda, mas sim que os eleitores estão preferindo escolher outras siglas.

Outro ponto é que o crescimento do Centrão também demonstra que o eleitorado brasileiro é pragmático e não preso a conceitos de esquerda e direita/ progressistas e conservadores e sim que os candidatos com menor rejeição tendem a ser eleitos.

Vale ressaltar também que toda eleição se torna uma fraude quando um dos competidores resolve não jogar usando as regras do jogo (fundo partidário e fundo eleitoral). Se a direita liberal e conservadora se manter com este posicionamento inocente e retorico iremos morrer abraçados com as nossas ideologias e veremos em 2022 uma vitória esmagadora do Centrão e seus recursos infinitos advindo de todos nós.

"A diferença entre uma democracia e uma ditadura é que em uma democracia você vota primeiro e recebe as ordens depois; em uma ditadura, você não precisa perder seu tempo votando." Charles Bukowski (poeta, contista e romancista americano)

Estamos vivenciando um momento histórico marcado pela pandemia e atitudes discutíveis de vários atores da nossa sociedade. Esta situação tem causado um grande debate entre os liberais, pois não existe no país defensores das liberdades individuais. Tal situação se deve a nossa cultura de sempre imaginar o estado como um ente paternalista e a mídia como ente isento.

Em abril de 2020, tivemos a surpreendente renúncia do superministro Sérgio Moro. E mais surpreendente que a sua renúncia (que no momento parecia que iria derrubar o governo) foi como ele saiu, de grande homem público, idôneo, avalista do governo, entre outros predicados, para um homem de grandes feitos, mas arrogante, egoísta e mesquinho.

A falácia do presidente Bolsonaro se destacou. Foi um estelionato eleitoral (se apresentou como gato, mas na verdade era lebre). Cada dia que passa fica mais claro que nosso governo possui um confuso posicionamento, de "nacional desenvolvimentismo liberalista", no qual demonstra alguma simpatia por ideias de mercado, enquanto apoia outras restrições, como a reserva de mercado de recursos, como Nióbio.

Já em relação aos costumes, embora defenda de forma veemente a revogação do estatuto do desarmamento, por seus pronunciamentos, entende-se que é a favor da continuidade da guerra às drogas, contrário à adoção de crianças por casais gay e a favor de barreiras migratórias, pautas sólidas entre liberais.

Então não devemos cair na estratégia de alguns em falar de uma guinada do presidente ao coletivismo, uma vez que, todas as atitudes dele nos dois anos de governo são coerentes ao que ele sempre defendeu. O governo atual, portanto, é fruto de uma reação "conservadora" e não de característica liberal, ou melhor, é na verdade, um bastião de resistência das forças nacionais e tradicionais contra as ações "progressivas" do lulo-tucano-petismo.

2020 E A DITADURA DO JUDICIÁRIO

Outro ponto marcante em 2020 foi o fato da principal oposição ao atual Governo Federal vir do Supremo Tribunal Federal e com um agravante: atualmente o STF investiga, denuncia e julga. Tudo ao mesmo tempo. Lembrando que o Rui Barbosa disse que a pior ditadura é a do Poder Judiciário, pois contra ela não há a quem recorrer.

Entretanto, uma interpretação apressada dessa assertiva pode nos dar a impressão de que o poder judiciário é capaz de se de impor a uma ditadura. Mas isso é algo que não resiste a uma análise mais acurada, pois o mesmo precisa da conivência de pelo menos mais um dos poderes da República (executivo ou legislativo).

Sobre esta situação, para o ministro Fux, há a necessidade do Judiciário oferecer "segurança jurídica" para a retomada do país após a pandemia. "O que o Judiciário pode oferecer de melhor para o público interno e investidores no momento pós-pandemia é segurança jurídica", disse. E o mesmo entende que a "segurança jurídica legal é evitar uma orgia legislativa, uma série de leis editadas a todo momento".

Outro ponto que o STF vem aumentando o poder da esfera judicial, principalmente no sentido de definir o mesmo como um poder regulador/ censurador. Vale lembrar que a Constituição Federal de 1988 consagrou de forma clara a liberdade de expressão como um direito fundamental. Logo no início, ao tratar das garantias fundamentais, estabelece: "É livre a expressão da atividade intelectual, artística, científica e de comunicação, independentemente de censura ou licença".

E que o mesmo ocorreu até 2003, quando o Supremo Tribunal Federal decidiu que a liberdade de expressão não é tão elástica como os constituintes de 1988 pareciam desejar. Na ocasião, em 2003, a maioria dos ministros concluiu que era válida a condenação por racismo do editor de livros Siegfried Ellwanger, do Rio Grande do Sul. Esse entendimento ganhou ainda mais relevo em 2019, quando o STF decidiu que homofobia é uma forma contemporânea de racismo. O relator do caso foi o decano do Tribunal, Celso de Mello, que citou em seu voto várias vezes a decisão de 2003 sobre o racismo contra judeus. E em 10 de junho de 2020, o STF começou a julgar a constitucionalidade do inquérito das fake news. E, mais uma vez, deu sinais de que não considera ser absoluto o direito à liberdade de manifestação de pensamento.

O relator da ação que contesta a legalidade do inquérito das fake news, Edson Fachin, expressou o seu voto e disse:

"Atentar contra um dos Poderes, incitando a seu fechamento, incitando à morte, incitando à prisão de seus membros, incitando à desobediência a seus atos, ao vazamento de informações sigilosas, não são manifestações protegidas pela liberdade de expressão na Constituição da República Federativa do Brasil. Não há direito no abuso de direito."

O ministro Marco Aurélio Mello, em 2003, ficou vencido no julgamento. Ele concluiu que se o Tribunal confirmasse a condenação por racismo estaria contrariando a liberdade individual de manifestação de pensamento.

"Estaria configurado o crime de racismo se o paciente, em vez de publicar um livro no qual expostas suas ideias acerca da relação entre os judeus e os alemães na Segunda Guerra Mundial, como na espécie, distribuísse panfletos nas ruas de Porto Alegre com dizeres do tipo 'morte aos judeus', 'vamos expulsar estes judeus do país', 'peguem as armas e vamos exterminá-los'. Mas nada disso aconteceu no caso em julgamento. O paciente restringiu-se a escrever e a difundir a versão da história vista com os próprios olhos", afirmou.

Sendo assim, liberdade de expressão, portanto, deriva e é indissociável do direito individual primordial: o fato de a pessoa ter a propriedade de seu corpo e de seus meios de produção adquiridos de forma honesta e voluntária, lhe dá o direito de fazer uso destes seus meios para expressar suas ideias. O que não está sendo aceito pelo nosso sistema judiciário.

Por isso, a opinião ofensiva não deve ser banida porque não podemos confiar que um burocrata ou um juiz decida o que deve ser permitido. Em geral, o defensor da censura julga que serão calados apenas os odiosos, mas, uma vez que o estado tenha a prerrogativa de banir opiniões, a sociedade inteira está em risco.

Ademais, a única pessoa responsável por diferenciar fato de fake é o próprio indivíduo. Somente o indivíduo é responsável por seu consumo de informações. Se uma determinada pessoa opta por acreditar em coisas erradas, ou se ela não quer checar a veracidade das coisas que lê e ouve, ela própria sofrerá as consequências. Isso se chama responsabilidade individual.

Ao constantemente tentar censurar e banir tudo de que não gosta, o poder judicial, na prática, está dizendo que todos os indivíduos são incapazes de tomar a decisão correta por conta própria. E isso, além de arrogante, é uma postura totalitária.

ÚLTIMOS PITACOS – O PAPEL DA MÍDIA

Neste ano ficou claro que a mídia usou o medo (pandemia e fake news) como antídoto em relação as ferramentas adotadas pelos conservadores em 2016 (EUA) e 2018 (Brasil). E conseguiu em partes ser bem sucedida. Mas deixou marcas – Nos EUA o Trumpismo cresceu mesmo com a vitória (ainda questionável) de J. Biden. E no Brasil ficou claro a diminuição do PT e o isolamento dos bolsonaristas.

Com base neste cenário surge a necessidade de melhorar organização da direita liberal e conservadora para 2022, pois a queda do PT não significou uma queda da esquerda, mas sim que os eleitores estão preferindo escolher outras siglas. Outro ponto é que o crescimento do Centrão também demonstra que o eleitorado brasileiro é pragmático e não preso a conceitos de esquerda e direita/ progressistas e conservadores e sim que os candidatos com menor rejeição tendem a ser eleitos.

"Agora surgiram outros concorrentes (no campo da esquerda) que podem dificultar ainda mais sua chance de alcançar postos no Executivo. Os novos atores atrapalham e fica uma esquerda mais fragmentada, que também pode atrapalhar o PT para disputa presidencial. Sem o lulismo forte, com o lulismo decadente, é difícil achar uma candidatura para ir para o segundo turno (da eleição presidencial de 2022)", diz Jairo Pimentel, jornalista.

Vale ressaltar também que toda eleição se torna uma fraude quando um dos competidores resolve não jogar usando as regras do jogo (fundo partidário e fundo eleitoral). Se a direita liberal e conservadora se manter com este posicionamento inocente e retórico iremos morrer abraçados com as nossas ideologias e veremos em 2022 uma vitória esmagadora do Centrão e seus recursos infinitos advindo de todos nós.

Sendo assim o objetivo deste livro é trazer à memória situações cotidianas nas quais a liberdade individual foi atacada. Em 2020 os governantes utilizaram bem da pandemia (e o medo provocado por ela) para suprimir as liberdades. Entretanto este fenômeno vem ocorrendo sistematicamente e se fantasiando de alguns outros conceitos: justiça social; politicamente correto; coletividade; bem comum; dentre outros. Para reflexão:

"A diferença entre uma democracia e uma ditadura é que em uma democracia você vota primeiro e recebe as ordens depois; em uma ditadura, você não precisa perder seu tempo votando." Charles Bukowski (poeta, contista e romancista americano).

O primeiro ponto de reflexão é o fato do Estado ser governado por políticos que estão preocupados única e exclusivamente com o curto prazo. Por isso que não devemos esperar que políticos, qualquer que seja o seu de estimação, seja capaz de resolver problemas de grande impacto e complexidade como a questão do Covid-19. Utilizando o pensamento de Hayek:

"... para alcançar seus objetivos, os coletivistas precisam criar poder –poder sobre homens exercido por outros homens—de uma magnitude nunca vista, e seu êxito dependerá do grau em que alcançam esse poder. O poder, e o sistema competitivo é o único sistema designado para minimizar pela descentralização o poder exercido pelo homem sobre o homem."

E assim os políticos em nome da coletividade, do bem público e de salvar milhões de vidas usam da ideia de coletividade para concentrar cada vez mais poderes.

Outro ponto importe é entender que todo e qualquer governo sempre se beneficia com o surgimento de "crises exógenas" que criam situações fora do normal, pois é o momento propício e perfeito para que os burocratas possam exigir que obedeçamos a todo e qualquer decreto emergencial que eles porventura editem. Em qualquer governo, sempre há vários parasitas entranhados na mais alta burocracia implorando para que algum tipo de lei contra a liberdade individual seja declarado.

Um bom exemplo desta sede dos políticos e seu time de burocratas é o governador paulista João Dória (PSDB), que sempre foi um dos mais radicais entusiastas do confinamento total. O governante decretou o fechamento total do setor de serviços do Estado, mas disse que as fábricas não podem parar. A fala pode até parecer correta, mas é incoerente, uma vez que não faz sentido nenhum liberar as fábricas, mas proibir o comércio não-essencial de funcionar. Na prática, ele liberou a ponta inicial da cadeia produtora, mas fechou a ponta final.

Vale ressaltar que os defensores do confinamento imposto pelo aparato de coerção estatal estão ignorando todas as milhares de vítimas que estão produzindo, pois não são CNPJ que produzem e sim os CPFs. Não falo de números apenas, como querem fazer parecer os que chamam de insensíveis aqueles que se preocupam com as questões que, em tese, pertencem exclusivamente ao campo da economia. Falo de pessoas. A imprensa parece um dos cavaleiros do apocalipse ao gerar a histeria e o pânico, afinal, dão audiência (vejam que os telejornais estão batendo dia após dia seus recordes de audiência).

Mas esta visão de curto prazo da imprensa e das pessoas que apoiam a interrupção forçada das atividades produtivas está esquecendo de apontar é que toda essa restrição imposta pelos governadores e prefeitos é simplesmente inconstitucional. Estão deixando de lado, também, que em situações de extrema miséria, como a que surge no longo prazo em conjunto com aumentos no número de suicídios, pessoas com depressão, criminalidade, mortes por doenças comuns, já conhecidas, tendem a aumentar junto com a crise econômica, que na verdade é uma crise social.

Tal situação insólita e com o aval do Supremo Tribunal Federal fez com que na prática, o Brasil fosse subdividido em várias pequenas ditaduras estaduais e municipais, com cada uma delas fechada para as outras cidades e para os outros estados enfraquecendo os mercados. A propriedade privada ainda não foi confiscada, mesmo, que alguns políticos queiram em nome do bem público tomar indústrias, hospitais, instituições.... Representando assim a própria manifestação do fascismo: tudo e todos sob controle total do estado.

Quando vemos intelectuais e políticos propondo uma escolha de Sofia entre economia e a vida das pessoas, os mesmos, esquecem que a economia é o alicerce da estrutura social. Se derrubarmos o alicerce para proteger a casa, toda estrutura desaba.

Infelizmente médicos, jornalistas, artistas, intelectuais e até mesmo economistas estão dizendo que a paralisação da economia é uma medida essencial para controlar o vírus e, principalmente, com objetivo de estruturar o sistema de saúde para atender os futuros infectados.

Mas esta análise é típica e desconsidera que a sociedade é um grande sistema e que uma medida provoca efeitos em cascata e permanentes alterando como todo o sistema e não um pequeno e temporário dano colateral, pois acreditam que tudo pode voltar ao normal e o Estado pode simplesmente imprimir dinheiro. Mises? se posicionava contra tentativas de sustentar políticas públicas desastrosas por meio da criação de dinheiro:

"Nenhuma emergência pode justificar um retorno à inflação monetária. A inflação não tem como criar e produzir os bens de capital necessários para qualquer projeto. Não cura condições insatisfatórias. Apenas auxilia temporariamente a mascarar as atitudes dos governantes cujas políticas provocaram a catástrofe."

Resumindo é como dar tylenol para um doente de câncer. Portanto fica claro que as ações políticas não se importam com a ética, com a moral ou com a justiça. Pois a mesma está firmada no monopólio da força. Ela se sustenta por meio da agressão, e se justifica apenas pela autoridade. Por isso é um sistema de injustiças e contraditório, inválido e repulsivo.

Por isso devemos lutar pela liberdade individual e não acreditar no Estado e na sua coerção. A preservação da vida, da liberdade e da propriedade privada é que devem guiar a vida do indivíduo. Eles existem antes do Estado e estão acima dele.

Por fim, a verdade é que os especialistas não têm ideia de como ou em que quantidade as quarentenas estão realmente impedindo a propagação de doenças ou de como o emprego e o crescimento econômico seriam afetados na ausência de quarentenas forçadas. Os proponentes da quarentena simplesmente não têm dados suficientes para justificar sua posição pois estão baseados em modelos matemáticos que vão se atualizando junto com a evolução da pandemia.

Sendo tudo o que o Estado, por meio dos seus políticos e burocratas sabem é que desejam forçar as pessoas a abandonarem seus empregos, abandonarem suas lojas e viverem de esmolas do Estado. Como resultado, muitos entrarão no caminho da servidão.

STF, XADREZ 4D & POMBOS

A grande discussão desse início de dezembro de 2020 foi o julgamento no STF da possibilidade de reeleição para presidente da Câmara dos Deputados e do Senado. O resultado de 6x5 em favor de respeitar o texto constitucional que é explicito em vedar esta possibilidade foi até certo ponto comemorado (olha o ponto que chegamos nesta ditadura do judiciário).

Mas um voto que era muito esperado e chamava a atenção foi o do recém empossado ministro Kassio Nunes Marques. Todos estavam ansiosos para ver como votaria o primeiro indicado do presidente Bolsonaro. E infelizmente ocorreu uma surpresa negativa, o novo ministro vou junto? com o ministro Gilmar Mendes em desrespeitar o texto constitucional.

Tal situação gerou um grande conflito, dentro da direita brasileira. De um lado a "direita burra" (termo criado pelo próprio presidente quando nomeou o ministro) e a "direita pombo" (que defende o presidente em todos os seus posicionamentos e se forem confrontados agem que nem pombos num jogo de xadrez, este grupo também criou a acunha Xadrez 4D para tentar explicar o inexplicado).

Sendo assim, o propósito deste texto é reforçar um posicionamento quanto pertencente à direita burra ao afirmar que, infelizmente o nosso amado e respeitável presidente cometeu um erro grave ao indicar o ministro Kassio Nunes ao STF. Tal situação me lembra uma famosa frase do grande Roberto Campos:

"O bem que o Estado pode fazer é limitado; o mal, infinito. O que ele nos pode dar é sempre menos do que nos pode tirar."

Então, fica claro que mesmo sendo bem-intencionado o presidente pode ter sido forçado (por situações não conhecidas do público em geral) em fazer esta indicação e sabemos que para governar é preciso fazer concessões, mas isto não o exime das consequências de uma decisão ruim.

E qual foi o erro do Kassio Nunes? Eu li na internet que ele foi estratégico e seu voto mudou a história da votação (ler o artigo: A "bofetada" de Kassio ou assistir o vídeo Direita Burra Vs. Kassio Nunes e o voto para reeleição de Maia e Alcolumbre). E isto demonstra um grande equívoco, pois o maior problema não seria liberar ou não a reeleição do Maia ou de criar um argumento em proibir a reeleição de Maia, pois isto provocaria a reeleição infinita do Bolsonaro (ler o voto do Kassio Nunes), como transcrito abaixo:

"Se o Presidente da República pode ser reeleito uma única vez – corolário do princípio democrático e republicano – por simetria e dever de integridade, este mesmo limite deve ser aplicado aos Presidentes da Câmara dos Deputados e do Senado Federal."

Tal argumentação foi usada pela direita pombo como uma jogada de mestre pelo grande enxadrista 4D Kassio Kasparov Nunes, pois teria deixado o STF sem condições de prosseguir o voto e daria a possibilidade de infinitas reeleições para Bolsonaro, o que seria o maior terror para turma da esquerda.

Mas a principal questão deste voto não era a reeleição dos presidentes das casas legislativa e sim a possibilidade do STF em alterar por meio do plenário um texto constitucional e isto seria um golpe e abriria uma verdadeira caixa de Pandora para os poderes da Suprema

Corte Tupiniquim. E foi neste aspecto que o voto do Kassio Nunes foi trágico. Leiam:

"A mutação constitucional está diretamente atrelada à interpretação sistêmica das normas constitucionais correlacionadas às mudanças fáticas ocorridas no âmbito da sociedade. Desse modo, a revisão direta de determinados artigos da Constituição pode produzir revisão indireta de outros de seus dispositivos, por tornar necessária a atualização de sua interpretação."

Em outro ponto o ministro faz uma comparação com a alteração em relação ao funcionamento das Casas Legislativas com o texto constitucional que trata a família formada por homem e mulher.

"Não há exatamente novidade aqui. O Supremo Tribunal Federal já invocou a mutação constitucional para justificar interpretações que colocam em segundo plano a literalidade do texto, de modo a albergar alguma mudança fática relevante ocorrida no contexto social. O exemplo mais flagrante de superação da literalidade do texto foi o caso da união homoafetiva, em que o Tribunal considerou irrelevante a expressão "o homem e a mulher" contida no art. 226, §3º da Constituição Federal, diante das notórias modificações ocorridas nos costumes sociais, para admitir a união entre pessoas do mesmo sexo (ADI 4277/DF, Relator Ministro Ayres Britto, julgada em 05/05/2011)."

E por último a palavra mais impactante do voto do ministro Kassio Nunes – inovação interpretativa:

"É por isso que admito a inovação interpretativa adotada pelo Relator, como parte de um romance em cadeia, segundo o qual é possível nova eleição subsequente para o mesmo cargo na Mesa Diretora, independentemente se na mesma ou em outra legislatura. Contudo, desacolho a possibilidade de reeleição para quem já está na situação de reeleito consecutivamente, sob pena de ser quebrada a coerência que dá integridade ao Direito e ser aceita, na verdade, reeleição ilimitada, que não tem paralelo na Constituição Federal."

E para concluir o texto gostaria de fazer a seguinte reflexão tendo como base o pensamento de Mises que "qualquer ação é uma tentativa para substituir uma situação menos satisfatória por uma mais satisfatória". O que torna algo satisfatório, o que cada indivíduo prefere e deseja, ninguém poderia ter a pretensão de saber. O que Mises nos faz refletir é que, seja o que for que desejarem, os indivíduos tentarão obter. O ser humano não buscará jamais obter o contrário do que deseja, sair de uma situação confortável para uma em que o estaria menos; todos os meios que movimentar, tudo aquilo com o que e sobre o que "agir", tenderá a buscar um estado de coisas em que esteja mais confortável do que estava antes.

Portanto, nunca saberemos qual a foram motivação de Bolsonaro em escolher Kassio Nunes, mas sabemos que é uma situação que o deixou mais confortável. E também não saberemos o que levou o Kassio Nunes a se alinhar com Gilmar Mendes, mas podemos afirmar que ele ficou mais confortável. E tal analogia vale para entendermos os posicionamentos da direita burra insatisfeita com Kassio Nunes e a direita pombo em acreditar na infalibilidade do presidente. E nunca podemos esquecer que:

"O governo não passa de um aglomerado de burocratas e políticos, que almoçam poder, promoção e privilégios. Somente na sobremesa pensam no 'bem comum." (Roberto Campos)

ELEIÇÕES, INDIVIDUALISMO E COLETIVISMO: COMO SEPARAR O JOIO DO TRIGO

Este item tem a pretensão de abordar dois pontos importantíssimos que os eleitores deveriam observar na hora de escolher o candidato ao executivo e principalmente ao legislativo. Aqui vale ressaltar que um legislativo corrompido e amoral destrói todo um governo.

Então vamos começar a analisar sobre os coletivistas, eles acreditam que o indivíduo não tem importância, mas sim que ele faz parte de um determinado grupo/coletivo dividindo assim as pessoas em: sociedade, classe, gênero, trabalhador, empresário, pobre, rico, homem, mulher, não binário, branco, negro, polícia, não afortunados...

Entende que apesar dos indivíduos terem sua própria individualidade, o coletivo, o bem-estar geral, o crescimento da nação, a proteção da sociedade, a proteção dos oprimidos... devem ser mais importantes que as necessidades individuais de cada pessoa que compõe estes coletivos. É daí que surgem, por exemplo, os conceitos de dívida histórica, apropriação cultural, opressores e oprimidos, entre tantos outros. Atualmente está é uma visão com grande número de adeptos aqui no Brasil sendo o fundamento que orienta o livro "A Pedagogia do Oprimido" de Paulo Freire, o patrono da educação do Brasil.

No coletivismo a disputa entra os grupos antagônicos acaba promovendo uma visão distorcida em relação a tolerância que vem do latim "tolerare", significando "suportar" ou "aturar". É a atitude de condescendência e civilidade para com quem pensa diferente, ainda que não concordando.

Porém, podemos perceber uma definição e aplicação distinta para "tolerância" que atualmente percebemos como intolerância contra movimentos individualistas e tolerância para com os coletivistas. Quanto ao escopo dessa tolerância e intolerância... ele se estenderia para o palco das ações, bem como para as discussões e propaganda. Ao falar em tolerância, os coletivistas abraçam a incoerência crassa de falar em tolerância negando o contraditório. Só há tolerância se é possível diferir. A imposição atual sobre todos é a obrigação de serem "politicamente corretos".

No lugar do debate respeitoso, os coletivistas usam a tática intolerante de rotular quem discorda deles, como um "fascista". Há uma variedade de rótulos que utilizam: nazista, sexista, machista, conservador, racista, opressor... exemplo: para quem discorda da prática homossexual, tendo como base a Bíblia Sagrada, ainda que respeitando as pessoas, é "homofóbico".

Em contrapartida temos a visão do individualismo apresentado pela autora Ayn Rand que apresentava o egoísmo como uma virtude e deixando a visão social/ coletivista/ altruísmo forçado como verdadeiros desvios de caráter.

Miss Rand afirmava que a escolha da defesa da palavra egoísmo não era uma mera questão semântica, nem um problema de escolha arbitrária. O significado atribuído pelo uso popular à palavra "egoísmo" não está, simplesmente, errado: representa uma tergiversação intelectual devastadora que é responsável, mais do que qualquer outro fator, pelo restrito desenvolvimento moral da humanidade.

Porém, o significado exato e a definição do dicionário para a palavra "egoísmo" é: preocupação com nossos próprios interesses. Esse conceito não inclui avaliação moral; não nos diz se a preocupação com os nossos próprios interesses é boa ou má; nem nos diz o que constituem os interesses reais do homem. É tarefa da ética responder a tais questões.

A ética do altruísmo criou a imagem do brutamontes, como sua resposta, a fim de fazer os homens aceitarem dois princípios desumanos: (a) que qualquer preocupação com nossos próprios interesses é nociva, não importando o que estes interesses possam representar, e (b) que as atividades do brutamontes são, na verdade, a favor dos nossos próprios interesses (que o altruísmo impõe ao homem renunciar pelo bem de seus vizinhos).

Segundo Rand, existem dois questionamentos morais que o altruísmo/coletivismo reúne dentro de um único "pacote": O que são valores? Quem deve ser o beneficiário dos valores? O altruísmo substitui o primeiro pelo segundo; ele foge da tarefa de definir um código de valores morais, deixando o homem, assim, na verdade, sem diretriz moral. O altruísmo declara que qualquer ação praticada em benefício dos outros é boa, e qualquer ação praticada em nosso próprio benefício é má. Assim, o beneficiário de uma ação é o único critério de valor moral — e contanto que o beneficiário seja qualquer um, salvo nós mesmos, tudo passa a ser válido. Ou seja, eu como branco, cristão e heterossexual tenho que me sentir envergonhado e passar a me preocupar mais com as mulheres, negras, ateias e LGBT+.

Portanto, Rand afirma que dado ai fato da natureza não provê o homem com uma forma automática de sobrevivência, dado que ele tem de sustentar sua vida através de seu próprio esforço, a doutrina que diz que a preocupação com nossos próprios interesses é nociva significa, consequentemente, que o desejo de viver do homem é nocivo e que a vida do homem, como tal, é nociva. Nenhuma doutrina poderia ser mais nociva do que essa. Portanto, continua Rand, para rebelar-se contra um mal tão devastador, é preciso rebelar-se contra sua premissa básica. Para redimir ambos, o homem e a moralidade, é o conceito de "egoísmo" que se tem de redimir.

Sendo assim, a ética objetivista de Ayn Rand sustenta que o indivíduo deve ser sempre o beneficiário de sua ação, e que o homem deve agir para seu próprio interesse racional. Mas seu direito de fazer tai coisa é derivado de sua natureza como homem e da função dos valores morais na vida humana e, por conseguinte, é aplicável somente no contexto de um código de princípios morais racional, objetivamente demonstrado e validado, que defina e determine seu real interesse. Não é uma licença "para fazer o que lhe agrada", e não é aplicável à imagem altruísta de um brutamontes "egoísta", nem a qualquer homem motivado por emoções, sentimentos, impulsos, desejos ou caprichos irracionais.

Já Mises se esforça ao distinguir que o coletivismo do realismo conceitual ensinado pelos filósofos não é seu método de aplicação, mas as tendências políticas implícitas. O coletivismo transforma a doutrina epistemológica em uma pretensão ética. Ele diz às pessoas o que elas devem fazer. Não existe uma ideologia coletivista uniforme, mas várias doutrinas coletivistas. Cada uma delas enaltece uma entidade coletivista diferente e exige que todas as pessoas decentes se submetam a elas. Cada seita idolatra seu próprio ídolo e é intolerante com todos os ídolos rivais. Cada uma ordena a total subjeção do indivíduo e todas são totalitárias.

Mises afirma que o caráter particularista, das várias doutrinas coletivistas, poderia ser facilmente ignorado, pois elas normalmente utilizam como ponto de partida a oposição entre a sociedade em geral e os indivíduos. Nesse contraste, existe apenas um coletivo, que abrange todos os indivíduos. Não é possível, portanto, surgir nenhuma rivalidade entre várias entidades coletivas. Porém, no curso detalhado da análise, um coletivo especial é imperceptivelmente substituído pela abrangente e única 'sociedade'.

Sendo assim, temos segundo Mises, que os homens cooperam uns com os outros. A totalidade das relações inter-humanas criadas por tal cooperação chama-se sociedade. A sociedade não é uma entidade por si mesma. Ela não tem vida própria. A sociedade é uma expressão da ação humana. A sociedade não existe ou vive fora da conduta das pessoas. Ela é apenas uma orientação da ação humana. A sociedade não pensa e nem age. São os indivíduos que, ao pensarem e agirem, constituem um complexo de relações e fatos que são chamados de relações sociais e fatos sociais.

Ao contrastar sociedade e indivíduo, e ao negar a esta qualquer realidade "verdadeira", as doutrinas coletivistas veem o indivíduo meramente como um rebelde teimoso e insubmisso. Este infeliz pecador tem o atrevimento de dar preferência aos seus interesses egoístas e insignificantes em detrimento dos sublimes interesses de toda a grande deusa sociedade. É claro que o coletivista designa essa eminência somente para o ídolo social que ele considera justo e probo, e não para qualquer aspirante, segundo Mises.

Mises afirma também que a confusão entre os conceitos de sociedade e estado se originou com Hegel e Schelling. É costumeiro diferenciar duas escolas de hegelianos: a de esquerda e a de direita. A distinção refere-se apenas à postura desses autores em relação ao Reino da Prússia e à Igreja Evangélica da Prússia. O credo político de ambas as ideologias era essencialmente o mesmo. Ambas advogavam a onipotência do governo. Foi um hegeliano de esquerda, Ferdinand Lassalle, quem mais claramente expressou a tese fundamental do hegelianismo: "O Estado é Deus." O próprio Hegel havia sido um pouco mais cauteloso. Ele declarou apenas que é "o percurso de Deus através do mundo que constitui o Estado" e que ao lidarmos com o estado devemos contemplar "a ideia, o próprio Deus presente na terra."

Os filósofos coletivistas, continua Mises, são incapazes de perceber que o que constitui o estado são as ações dos indivíduos. Os legisladores, aqueles que impõem obediência à lei pela força das armas, e aqueles que se submetem aos ditames das leis e da polícia constituem o estado por meio de seu comportamento. Apenas nesse sentido o estado pode ser considerado algo real. Não existe estado fora destas ações individuais dos homens.

Como cristão gostaria também de apresentar a ideia bíblica em relação ao coletivismo e ao individualismo. O ponto central deste debate é que a salvação é individual, uma vez que são as ações, os atos, as atitudes, o comportamento social ou político de cada um, que vai lhe garantir ocupar um espaço mais ou menos privilegiado no plano espiritual. Por mais perfeito que alguém possa se julgar, por mais santo que seja considerado, esses requisitos só servirão a ele próprio, não favorecendo a seus próximos como pai, mãe, esposa, esposo, filhos, grupo e comunidade na qual ele congrega.

Portanto, cada indivíduo, cada cristão deve se esforçar para, inicialmente, se auto transformar, extirpando de dentro de si o orgulho, a insensatez, a arrogância, o ódio, o ressentimento e especializar-se a amar, pois é na demonstração do amor ao próximo que demonstramos o nosso amor por Jesus e a Deus. Eis aí o grande desafio. Esse amor é muito pouco exercitado até mesmo por àqueles que dizem ter uma vida religiosa por vocação ou por tradição. O apóstolo João é enfático ao dizer: "Quem não ama a seu irmão, a quem vê, não pode amar a Deus, a quem não vê". O próprio Jesus afirmara que todos os mandamentos se restringiam a apenas dois: "Amar a Deus sobre todas as coisas e ao próximo como a si mesmo".

Por tanto uma atitude individual buscando uma melhoria na relação de intimidade com Espírito Santo de Deus.

Faz-se necessário que cada um que almeje, busque a salvação no Nosso Senhor Jesus Cristo, primeiro se volte para dentro de si mesmo, eliminando os entraves humanos, as traves nos olhos que Jesus tanto se reportava, se eximindo de julgar os outros porque com a mesma medida que se julgar também será julgado. A regra aparentemente é simples: cuide de sua própria vida e deixa a vida dos outros. Melhore-se para você mesmo para que o outro que vê a sua mudança possa seguir o seu exemplo. É o mesmo Jesus que diz que devemos ser luz. Essa mudança só é real se for percebida pelos outros.

Com base nas visões apresentadas podemos utilizar os aspectos apresentados por Hayek para utilizar como uma importante régua na escolha dos candidatos no pleito eleitoral de 2020:

Que promova a independência dos indivíduos – Vivemos em sociedade e isso é bom. Compartilhamos nossa existência com nossos semelhantes, desfrutamos daquilo que produzimos e do que os outros produzem. Certamente não desfrutaríamos do mesmo conforto, caso todos vivêssemos como ilhas isoladas em suas próprias existências. Portanto um bom candidato é aquele que recusa a criar relações em que nossa independência enquanto seres humanos é violada. Não se trata de recusar a sujeição mútua e voluntária para fins maiores, mas de recusar arranjos sociais abusivos e unilaterais, como por exemplo a obrigatoriedade em relação ao uso de máscaras, vacinas e vestimentas.

Que promova a autoconfiança das pessoas – Para empreender qualquer tarefa na vida é preciso ter autoconfiança. É o oposto do medo e da insegurança. Portanto, o candidato deve ter o interesse de promover um arcabouço legal que não gere medo e desconfiança aqueles que queiram produzir.

Fortalecer a iniciativa individual – Fruto das ideias coletivistas que acabam criando em nós um senso de dependência, temos a tendência a desprezar os pequenos começos e, portanto, também a iniciativa individual. Ao longo dos anos fomos incutidos com a ideia de que para se atingir um objetivo grandioso é necessário um esforço conjunto. Somos prontos em afirmar que "uma andorinha não faz verão" e acabamos esquecendo que os esforços coletivos são frutos em sua maioria de iniciativas individuais. Um grão de arroz desequilibra a balança e a história tem mostrado como homens e mulheres tem modificado os rumos da humanidade com iniciativas individuais.

Responsabilidade local – Na infância sempre recorrermos aos nossos pais para pedir socorro em situações difíceis. Essa tendência natural e saudável nas crianças acaba por tomar rumos patológicos na fase adulta, quando ao invés de tomarmos as rédeas da nossa vida para resolver problemas individuais ou comunitários, escolhemos delegar para o governo/estado todo o poder e recursos para resolver os nossos problemas. Somos prontos a delegar a responsabilidade local, para os grupos/coletivos que muitas vezes não conhecem a realidade na qual está inserido o problema e cuja atuação muitas vezes pode ser mais maléfica do que benéfica.

Incentivar a atividade voluntária – Fomos ensinados que ninguém age desinteressadamente. Isso é verdade, pois todos nós reagimos aos incentivos, mas esquecemos do fato de que os incentivos não são apenas de ordem econômica. Fundações, santas casas, asilos, universidades e caixas de assistência foram iniciadas por meio de atividades voluntárias. Indivíduos e comunidades agem voluntariamente para solução de problemas.

Ser liberal envolve em grande parte acreditar, incentivar e participar de inciativas voluntárias que visam emancipar as pessoas e dar soluções concretas para problemas reais. Não precisa do estado para tomar atitude e sim facilitar que os indivíduos possam buscar soluções para os problemas do município.

Não interferência na vida das pessoas – Os políticos e governantes possuem a tendência natural a querer interferir na vida alheia. Existe um o desejo de controlar a vida e as ações dos outros. Muitas vezes vemos grupos/coletivistas incomodamos com atitudes e ideias que não os afetam, mas insistem em interferir em escolhas de terceiros, são os famosos cancelamentos. Um bom candidato envolve mais do que apenas proteger a liberdade, envolve também respeitar a esfera de soberania individual de cada ser humano, entendendo que todos são livres para agir desde que as ações não firam a liberdade de outros.

Ter tolerância aos que são diferentes – Ter empatia com o semelhante, não exige concordância, mas empatia é fundamental. É preciso reconhecer o direito do outro de existir. Atualmente temos assistido a diversas correntes coletivistas se digladiando na esfera pública, seja na briga pela formulação de políticas públicas ou pelo direito de serem ouvidos e assimilados pelas massas. O candidato deve segmentar as praças públicas e entender que nunca nenhum grupo destruirá o outro. Existem cosmovisões que são impossíveis de serem sintetizadas e harmonizadas – não dá para misturar – mas é possível conviver e entender que todos sem exceção têm espaço.

Respeito pelos costumes e tradições –
Somos frutos do passado. Desprezar as tradições
implica necessariamente em correr o risco de
repetir algo que já foi dito ou de cometer erros
já cometidos. Não é preciso concordar com os
costumes e tradições de uma sociedade ou de
um grupo, é preciso compreendê-los, zelar por
eles.

Desconfiança do poder e da autoridade
humana – Por fim, é preciso desconfiar do poder
e da autoridade. Não significa aceitar teorias
conspiratórias, mas compreender que por detrás
de todo poder ou autoridade constituído está
um ser humano falível, com aspirações pessoais,
racionalidade limitada e tendência natural a se
corromper. Não é razoável entregar todo o
planejamento e poder nas mãos de
autoridades. É preciso descentralizar e fiscalizar
sempre – não importa a situação. Então não

seja um simples apoiador que acredita em tudo que seu candidato fez ou fará. A desconfiança trará um relacionamento saudável. Somos todos imperfeitos.

Por fim, se quisermos verdadeiramente promover uma mudança legítima no nosso município, sejamos verdadeiros com nossa visão, sabendo que o coletivismo pode ser tanto de direita quanto de esquerda. E que o segredo para o combate do materialismo consiste num exercício constante e holístico da Verdade, Honestidade de proposito e não na mera redundância simplista da esfera política brasileira.

"O homem veraz corresponde à sua situação metafísica de homem (...) Compreende a responsabilidade que todo o homem tem, como pessoa espiritual, em face da verdade, e que se traduz na necessidade de reproduzir a realidade nas suas declarações; compreende a solenidade inerente a qualquer afirmação, dado que nas suas afirmações o homem é chamado a dar testemunho da verdade." (D. Von Hildebrand)

Então, nestas eleições procurem votar em candidatos que defendam a melhoria da qualidade de vida das pessoas por meio da diminuição do controle estatal e considerando todos iguais sem diferenciação de gênero, credo, opção sexual e etnia.

A COMPLEXA TEIA DE RELAÇÕES DO PRESIDENTE BOLSONARO: PANDEMIA, ECONOMIA E CONFLITOS INSTITUCIONAIS

O item explora as diversas facetas das relações que o presidente Jair Bolsonaro manteve com a pandemia, a economia e o judiciário durante seu mandato. Analisando a popularidade do presidente, sua inabilidade em lidar com os meios de comunicação, a elite intelectual e o Supremo Tribunal Federal (STF), o artigo examina como esses fatores contribuíram para o ressurgimento do Lulopetismo no Brasil.

A PANDEMIA DE COVID-19 E A RESPOSTA DO GOVERNO BOLSONARO

A pandemia de COVID-19, causada pelo novo coronavírus, se espalhou pelo mundo inteiro, incluindo o Brasil. No entanto, a maneira como o governo do presidente Jair Bolsonaro lidou com essa situação gerou muitas discussões e polêmicas. Vamos entender como isso aconteceu.

O QUE É A PANDEMIA DE COVID-19?

A pandemia de COVID-19 é uma doença causada por um vírus chamado SARS-CoV-2. Ela provoca sintomas como febre, tosse e dificuldade para respirar. Além disso, pode ser muito perigosa, especialmente para idosos e pessoas com problemas de saúde.

COMO O GOVERNO RESPONDEU NO INÍCIO?

No começo, o governo Bolsonaro não deu muita importância à gravidade da pandemia. O presidente minimizou a doença, chamando-a de "gripezinha". Isso causou preocupação, pois os especialistas em saúde alertavam que o vírus era muito mais perigoso do que uma gripe comum.

CONFLITO SOBRE MEDIDAS DE PREVENÇÃO

Enquanto outros países adotavam medidas como lockdowns e uso de máscaras para proteger as pessoas, o presidente Bolsonaro resistiu a essas ideias. Ele questionou a eficácia das máscaras e criticou governadores que queriam impor restrições para conter a propagação do vírus.

IMPACTO NA POPULAÇÃO E SISTEMA DE SAÚDE

A falta de uma resposta coordenada teve consequências. Muitas pessoas adoeceram e morreram por causa do vírus. O sistema de saúde também ficou sobrecarregado, com hospitais enfrentando dificuldades para tratar os pacientes.

RELAÇÕES COM ESPECIALISTAS E CIENTISTAS

O governo teve atritos com cientistas e especialistas em saúde pública. Enquanto eles enfatizavam a importância do distanciamento social e das medidas de prevenção, o presidente Bolsonaro muitas vezes desconsiderava esses conselhos.

CONSEQUÊNCIAS DA ABORDAGEM

A resposta inicial do governo Bolsonaro à pandemia gerou controvérsias e dividiu a opinião pública. Algumas pessoas apoiaram sua postura mais relaxada, enquanto outras ficaram preocupadas com a falta de ações efetivas para conter a doença.

A maneira como o governo Bolsonaro lidou com a pandemia de COVID-19 foi alvo de debates acalorados. A resistência inicial às medidas de prevenção e as opiniões controversas do presidente contribuíram para a polarização da sociedade e tiveram impactos na disseminação do vírus e na saúde da população.

ECONOMIA: TRANSFORMANDO EXPECTATIVAS EM REALIDADE

Quando Jair Bolsonaro assumiu a presidência, o país enfrentava desafios econômicos significativos. As expectativas eram altas, com muitos esperando que sua administração pudesse trazer um novo fôlego à economia brasileira. Vamos explorar como suas políticas econômicas foram implementadas e como a realidade se desdobrou.

PROMESSAS E OBJETIVOS AMBICIOSOS

Desde o início, o governo Bolsonaro delineou uma série de metas ambiciosas para impulsionar a economia. A reforma da previdência, por exemplo, foi uma iniciativa crucial para equilibrar as contas públicas e atrair investimentos. Além disso, a equipe econômica trabalhou para simplificar o ambiente de negócios, reduzindo a burocracia e incentivando o empreendedorismo.

O IMPACTO DA PANDEMIA

No entanto, as expectativas otimistas foram abaladas pela chegada da pandemia de COVID-19. O Brasil, como muitos outros países, enfrentou um choque econômico sem precedentes. As medidas de distanciamento social e os lockdowns impactaram severamente setores-chave, como o turismo e o varejo. Isso trouxe desafios inesperados para a implementação das políticas econômicas planejadas.

RECUPERAÇÃO E DESAFIOS PERSISTENTES

À medida que a pandemia evoluiu, o governo adotou medidas de apoio, como o auxílio emergencial, para proteger os mais vulneráveis e manter a atividade econômica. A reforma da previdência, apesar dos desafios, trouxe uma perspectiva de longo prazo mais positiva. A reabertura gradual da economia e a aceleração da vacinação também desempenharam um papel na recuperação econômica.

DESEMPREGO E DESIGUALDADE: AINDA EM FOCO

Apesar dos esforços, o Brasil ainda enfrenta questões persistentes, como o desemprego e a desigualdade. A recuperação econômica não foi uniforme em todos os setores, e muitos trabalhadores continuaram a sentir os impactos das interrupções causadas pela pandemia. Isso ressalta a necessidade contínua de políticas voltadas para a criação de empregos e a redução das disparidades socioeconômicas.

A jornada econômica do governo Bolsonaro foi marcada por altos e baixos, com a pandemia lançando um desafio inesperado sobre os planos iniciais. Embora a economia tenha mostrado sinais de recuperação, ainda há muito trabalho a ser feito para garantir um crescimento sustentável e inclusivo. A transformação de expectativas em realidade requer um equilíbrio cuidadoso entre as circunstâncias dinâmicas e as políticas de longo prazo. O Brasil continua a construir seu caminho econômico, adaptando-se às mudanças globais e priorizando o bem-estar de seus cidadãos.

O PAPEL VITAL DO MINISTRO PAULO GUEDES NOS AVANÇOS ECONÔMICOS

O progresso econômico alcançado durante o governo de Jair Bolsonaro não pode ser compreendido sem reconhecer a importância do Ministro da Economia, Paulo Guedes. Sua liderança e visão desempenharam um papel fundamental em moldar as políticas e estratégias que contribuíram para os avanços na economia brasileira. Vamos explorar a influência de Paulo Guedes e sua contribuição para os resultados alcançados.

UM ARQUITETO DAS REFORMAS ECONÔMICAS

Paulo Guedes, um economista renomado, trouxe para o governo Bolsonaro uma abordagem pró-mercado e uma visão de reformas estruturais profundas. Sua atuação como Ministro da Economia não apenas refletiu seu conhecimento técnico, mas também sua determinação em enfrentar os desafios econômicos de frente. A reforma da previdência, uma das principais realizações de seu mandato, demonstrou sua habilidade em lidar com questões complexas e impopulares em prol do futuro econômico do país.

ESTABILIDADE E CONFIANÇA DOS INVESTIDORES

A presença de Paulo Guedes no governo trouxe estabilidade e confiança aos mercados financeiros e aos investidores. Sua defesa de políticas fiscais responsáveis e a busca pela austeridade foram elementos-chave na construção de uma imagem positiva do Brasil no cenário internacional. Isso resultou em um maior interesse por parte dos investidores estrangeiros, que viram no Brasil um ambiente mais favorável para negócios.

AGENDA DE LIBERALIZAÇÃO E DESBUROCRATIZAÇÃO

O compromisso de Paulo Guedes com a liberalização econômica e a desburocratização impulsionou a confiança dos empresários e empreendedores. Suas iniciativas para simplificar processos, reduzir regulamentações excessivas e criar um ambiente mais amigável para os negócios foram passos importantes na busca por um crescimento econômico sustentável e inclusivo.

PANDEMIA

A chegada da pandemia de COVID-19 testou a resiliência da economia brasileira e das políticas implementadas. Sob a liderança de Paulo Guedes, o governo adotou medidas de apoio que protegeram os mais vulneráveis e buscaram manter a atividade econômica. Sua capacidade de adaptação em face de circunstâncias desafiadoras destacou sua dedicação ao bem-estar econômico da nação.

LEGADO

O papel de Paulo Guedes na conquista de avanços econômicos é inegável. Sua visão, liderança e comprometimento com reformas estruturais contribuíram significativamente para a transformação das expectativas em realidade. No entanto, como qualquer figura pública, suas políticas também enfrentaram críticas e desafios. O legado de Paulo Guedes será avaliado ao longo do tempo, mas sua influência na direção econômica do Brasil durante o governo Bolsonaro é indiscutível. Seu trabalho continuará a moldar a trajetória econômica do país no futuro, à medida que o Brasil busca um desenvolvimento sustentável e inclusivo.

CONFLITOS COM O JUDICIÁRIO E INSTITUIÇÕES: UMA RELAÇÃO TENSA E PREOCUPANTE

O relacionamento entre o governo Bolsonaro e o Poder Judiciário foi marcado por uma série de atritos que levantaram questionamentos sobre a independência das instituições e o respeito ao estado de direito. Essa relação tumultuada trouxe à tona preocupações sobre a estabilidade institucional no Brasil contemporâneo.

Desde o início de seu mandato, o presidente Bolsonaro demonstrou uma postura crítica em relação ao Supremo Tribunal Federal (STF). Suas declarações frequentes, muitas vezes através das redes sociais, questionando decisões judiciais e criticando juízes, geraram controvérsias. A retórica áspera do presidente em relação ao STF alimentou um clima de tensão entre os poderes Executivo e Judiciário, levando muitos a se perguntarem se o respeito pela separação de poderes estava sendo mantido.

As batalhas jurídicas que se seguiram entre o governo e o STF expuseram as fraturas nas relações institucionais. Questões como a nomeação de cargos-chave, a interferência em órgãos de fiscalização e a atuação da Polícia Federal geraram debates intensos. A polarização entre os poderes tornou-se uma característica marcante do cenário político, levantando preocupações sobre o funcionamento saudável das instituições democráticas.

Esses conflitos não se limitaram apenas ao Judiciário. O governo Bolsonaro também teve atritos com outras instituições, como o Congresso Nacional e órgãos de controle. A desconfiança mútua e a falta de diálogo eficaz prejudicaram a capacidade de cooperação entre os poderes, atrasando a aprovação de reformas importantes e comprometendo a eficácia das políticas públicas.

A atitude do presidente em relação às instituições também teve impactos na percepção internacional do Brasil. A preocupação com a independência do Judiciário e com a estabilidade política afetou a confiança de investidores e parceiros comerciais, refletindo-se na economia do país.

No âmbito interno, a polarização e os conflitos institucionais criaram um ambiente propício para a disseminação de discursos extremistas e o enfraquecimento do debate público saudável. A sociedade tornou-se polarizada, dificultando a busca por soluções consensuais para os desafios do país.

Os conflitos entre o governo Bolsonaro e as instituições representaram uma ameaça à estabilidade democrática e ao equilíbrio de poderes no Brasil. A retórica desafiadora do presidente em relação ao Judiciário e a dificuldade em estabelecer relações construtivas com outras instituições contribuíram para um cenário de tensão política e institucional, levantando questões sobre o futuro da democracia no país.

RELACIONAMENTO COM JUIZ SERGIO MOURO

O relacionamento entre o então juiz Sérgio Moro e o presidente Jair Bolsonaro foi um episódio de grande relevância na política brasileira. A trajetória de Moro como juiz federal ficou notoriamente marcada pelo seu papel na Operação Lava Jato, uma investigação que revelou uma teia de corrupção envolvendo políticos, empresários e executivos de grandes empresas. Sua atuação incisiva e a condenação de figuras importantes do cenário político geraram uma percepção de que ele representava um esforço genuíno no combate à corrupção sistêmica que há muito corroía as estruturas do país.

Em 2018, Sérgio Moro aceitou o convite de Jair Bolsonaro para assumir o Ministério da Justiça e Segurança Pública em seu governo recém-eleito. Essa nomeação foi vista por muitos como um passo importante para a continuidade do combate à corrupção, dada a reputação de Moro como um juiz implacável contra os desvios de conduta no meio político.

No entanto, o relacionamento entre Moro e Bolsonaro logo começou a enfrentar desafios. Divergências quanto a questões-chave, como o alcance das políticas de segurança pública e medidas anticorrupção, começaram a emergir.

Moro também se viu no centro de controvérsias devido a vazamentos de mensagens privadas entre ele e membros da equipe de procuradores da Lava Jato, que suscitaram dúvidas sobre sua imparcialidade durante o julgamento de certos casos.

O ápice dessa tensão ocorreu em abril de 2020, quando Sérgio Moro renunciou ao cargo de Ministro da Justiça e Segurança Pública, alegando interferência política na Polícia Federal. Moro afirmou que Bolsonaro estava tentando influenciar investigações em andamento, o que gerou acusações de interferência no sistema de justiça e levou a debates sobre a autonomia das instituições. A saída de Moro do governo foi um momento marcante na política brasileira e resultou em um aumento da polarização no país.

O relacionamento entre Jair Bolsonaro e Sérgio Moro ilustra as complexidades do cenário político brasileiro. A nomeação de Moro representou a esperança de continuidade dos esforços anticorrupção, mas a divergência de visões e as controvérsias subsequentes também apontaram para as dificuldades de harmonizar agendas e ideais em um ambiente político conturbado.

Independentemente das opiniões sobre o assunto, o relacionamento entre Bolsonaro e Moro permanecerá como um capítulo significativo na história política brasileira, destacando os desafios enfrentados na construção de uma governança eficaz, a manutenção da independência institucional e a busca pela transparência no sistema de justiça.

O RELACIONAMENTO TUMULTUADO ENTRE JAIR BOLSONARO E ALEXANDRE DE MORAES: UM CONFRONTO INSTITUCIONAL

O relacionamento entre o presidente Jair Bolsonaro e o ministro Alexandre de Moraes, do Supremo Tribunal Federal (STF), tornou-se um ponto focal nas tensões entre o Executivo e o Judiciário no Brasil. As diferenças de posicionamento, a retórica inflamada e as disputas legais entre essas figuras destacam um capítulo marcante nas relações políticas do país.

Desde a nomeação de Moraes para o STF em 2017, o ministro se envolveu em casos de grande relevância, abordando temas que iam desde a liberdade de expressão até investigações sobre notícias falsas e ações de combate à corrupção. Sua atuação firme e suas decisões frequentemente colocaram-no no centro das atenções, atraindo tanto apoio quanto críticas.

O conflito entre Bolsonaro e Moraes atingiu seu auge com a investigação das fake news e o inquérito das manifestações antidemocráticas. O presidente e seus apoiadores viram tais ações como uma ameaça à liberdade de expressão e ao direito de crítica. Por outro lado, Moraes defendeu a necessidade de investigar e combater o uso abusivo das redes sociais para disseminar informações falsas e incitar atos contra as instituições.

A retórica utilizada por Bolsonaro em relação a Moraes e às decisões do STF frequentemente foi ácida, marcada por críticas e questionamentos sobre a imparcialidade do ministro. Essa postura ampliou a polarização política e alimentou as tensões já existentes entre os poderes Executivo e Judiciário.

O ápice dessa tensão ocorreu em 2021, quando Alexandre de Moraes autorizou uma série de medidas no âmbito do inquérito das fake news, que incluíram a prisão de aliados próximos do presidente e a busca e apreensão em residências e escritórios. Essas ações foram amplamente criticadas por Bolsonaro e seus apoiadores como uma afronta à liberdade política.

O impasse entre Bolsonaro e Moraes também ressoou internacionalmente, levantando preocupações sobre a estabilidade institucional e o respeito ao estado de direito no Brasil. Observadores estrangeiros temeram que o conflito entre o presidente e o STF pudesse minar a confiança dos investidores e parceiros comerciais no país.

Em conclusão, o relacionamento entre Jair Bolsonaro e Alexandre de Moraes representa um momento contencioso nas relações políticas e institucionais do Brasil. A troca de farpas, as disputas judiciais e a polarização exacerbada entre o Executivo e o Judiciário ilustram os desafios enfrentados pelo país em manter um equilíbrio saudável entre os poderes e garantir a estabilidade democrática. A resolução dessas tensões requer um diálogo construtivo e respeitoso que priorize o bem-estar da nação acima das divergências pessoais.

O RESSURGIMENTO DO LULOPETISMO: O PAPEL DA INABILIDADE DE BOLSONARO

Imagine que o governo de um país é como uma grande casa com diferentes quartos. Um desses quartos é o do presidente, que é como o chefe da casa. Agora, pense que esse presidente tem que lidar com muitas coisas importantes, como cuidar da saúde das pessoas, fazer a economia funcionar bem e também se entender com os juízes que garantem que as regras sejam seguidas.

Mas às vezes, o presidente pode ter problemas em lidar com essas coisas e isso pode causar confusão e problemas na casa toda. Foi mais ou menos isso que aconteceu com o presidente Jair Bolsonaro no Brasil.

Um desses problemas foi quando apareceu uma doença chamada COVID-19, que se espalhou pelo mundo inteiro. O presidente teve dificuldade em dizer a todos o que fazer para se proteger da doença. Isso deixou muita gente preocupada, porque todos esperavam que o presidente desses bons conselhos.

Além disso, o presidente também teve dificuldades em fazer a economia da casa melhorar. Ele tinha prometido que ia fazer isso, mas nem sempre deu certo. Muitas pessoas perderam seus empregos e tiveram problemas com dinheiro.

Outro problema foi quando o presidente não se dava muito bem com os juízes da casa, especialmente com os mais importantes, que são os do Supremo Tribunal Federal (STF). Ele brigava com eles e isso não é muito bom, porque os juízes são como árbitros que ajudam a decidir as regras.

Também, o presidente tinha um jeito de falar que não agradava todo mundo. Às vezes, ele falava coisas que deixavam as pessoas bravas e isso incluía gente importante como os professores, cientistas e escritores. Essas pessoas formam o grupo da elite intelectual, que é como um grupo que pensa muito sobre a sociedade.

Tudo isso junto fez com que muita gente não gostasse do jeito que o presidente estava cuidando da casa. E aí, uma pessoa que já tinha sido presidente antes, chamada Luiz Inácio Lula da Silva, voltou a ser importante na política. Ele tinha um jeito de falar e fazer as coisas que muitas pessoas gostavam. E as pessoas começaram a olhar para ele como uma opção melhor.

Assim, a inabilidade do presidente Bolsonaro em lidar com essas coisas importantes da casa fez com que muitas pessoas pensassem que era hora de tentar outra vez com outra pessoa, como o Lula. Isso é o que chamamos de "Ressurgimento do Lulopetismo", que é quando as ideias e ações do Lula voltam a ser populares e ganham força na política.

Então, podemos dizer que a forma como o presidente Bolsonaro lidou com as situações complicadas acabou abrindo espaço para o retorno do Lulopetismo, mostrando que a maneira como os líderes tratam as coisas importantes da casa pode afetar muito o que as pessoas pensam e decidem nas eleições.

POPULARIDADE VERSUS INABILIDADE NA COMUNICAÇÃO E COM A ELITE INTELECTUAL

Uma das coisas que chamou a atenção durante o governo do presidente Bolsonaro foi sua capacidade de conquistar uma base de apoio bastante sólida. Ele conseguiu fazer isso se comunicando diretamente com as pessoas por meio das redes sociais e abordando assuntos que muitos consideravam importantes. Isso o ajudou a ganhar popularidade, principalmente entre aqueles que estavam cansados da política tradicional.

Porém, essa forma de comunicação também trouxe problemas. Muitas vezes, suas mensagens eram polarizadoras e até mesmo desrespeitosas com quem pensava diferente. Isso causou divisões na sociedade e fez com que algumas pessoas se sentissem excluídas ou ignoradas. A comunicação é fundamental para um líder, mas quando ela é usada de maneira agressiva, pode afastar em vez de unir.

Além disso, a relação de Bolsonaro com a elite intelectual do país também foi complicada. Ele frequentemente expressava desconfiança em relação à ciência, à cultura e aos especialistas. Isso criou um ambiente de conflito com pessoas que valorizam o conhecimento acadêmico e a pesquisa científica. A falta de diálogo e respeito com a elite intelectual contribuiu para a imagem de que o governo estava desvalorizando áreas importantes para o desenvolvimento do país.

Em resumo, Bolsonaro conquistou popularidade com sua comunicação direta e abordagem diferente da política tradicional. No entanto, sua comunicação muitas vezes causou divisões, e sua relação tensa com a elite intelectual gerou conflitos que não foram produtivos para o país. Liderança envolve ouvir e entender diferentes perspectivas, algo que pode ajudar a construir um ambiente mais harmonioso e produtivo para todos.

O LEGADO POLÍTICO DE BOLSONARO E O RENASCIMENTO DO LULOPETISMO

Enquanto a era Bolsonaro chega ao seu capítulo final, um complexo caleidoscópio de triunfos e tribulações emerge como seu legado político. Um líder que invocou paixões intensas, polarizou opiniões e despertou fervoroso apoio, Jair Bolsonaro deixou sua marca indelével nas páginas da história brasileira. No entanto, é nos espaços vazios de sua liderança que o renascimento do Lulopetismo encontra sua oportunidade.

A trajetória de Bolsonaro foi caracterizada por uma comunicação incendiária que incitava as massas, enquanto deixava os setores intelectuais e críticos de lado. Seu relacionamento tumultuado com os meios de comunicação e a elite intelectual delineou uma polarização profunda que dividiu a sociedade em fragmentos inconciliáveis. Nesse vórtice de palavras ásperas, a incapacidade de construir pontes revelou-se fatal.

Ao mesmo tempo, a gestão da pandemia de COVID-19 se tornou um terreno de batalha onde a resistência inicial de Bolsonaro às medidas de saúde pública abalou a confiança de muitos. Enquanto a nação buscava liderança e soluções concretas, a lacuna entre a retórica presidencial e a realidade nas ruas ampliou-se, minando a base de apoio que ele tanto valorizava.

A economia, outrora alicerçada em esperanças de reformas profundas, deparou-se com a tempestade perfeita da pandemia. O ressurgimento do desemprego e o aumento das desigualdades mergulharam milhões na incerteza, questionando as promessas de prosperidade que ecoavam nos comícios passados.

Enquanto Bolsonaro se via enredado em conflitos com o judiciário e outras instituições, a teia de tensões se esticava. A luta pelo poder, muitas vezes travada com palavras afiadas e desafiadoras, colocou em xeque o equilíbrio de forças e a estabilidade institucional do país.

E assim, no vácuo de liderança aberto por essas crises, surge o Lulopetismo, como uma fênix renascendo das cinzas. Luiz Inácio Lula da Silva, figura emblemática, reconquista o palco político. Para muitos, Lula personifica uma narrativa de resiliência, justiça social e engajamento com as massas. O desencanto com a liderança atual, agravado pela combinação de desafios incontornáveis, cede terreno à esperança da mudança.

O ressurgimento do Lulopetismo não é somente uma história de um líder retornando à ribalta, mas uma saga que revela as falhas e fissuras do governo anterior. Bolsonaro, cuja popularidade ressoou nos corações de muitos, foi incapaz de transformar essa conexão em uma governança estável e inclusiva. Sua jornada de altos e baixos ecoará nas crônicas do país, lembrando-nos de que a política é uma dança complexa entre promessas e ações, popularidade e habilidade de liderança.

Enquanto a nação contempla o amanhã, é o espelho das escolhas de ontem que molda o futuro. O legado de Bolsonaro é um lembrete poderoso de que a habilidade de se conectar com todos os aspectos da sociedade, de traduzir palavras em ações efetivas e de navegar com destreza pelos desafios é essencial para forjar um destino político duradouro. Nesse momento crítico, o renascimento do Lulopetismo é uma narrativa que ecoa em meio ao vácuo, um eco da inabilidade que forjou o caminho para uma nova era política no Brasil.

E O FUTURO?

Nas teias complexas da política, os destinos muitas vezes permanecem ocultos nas sombras do tempo. A jornada de um líder pode ser tão imprevisível quanto o próprio curso dos ventos, guiando-os por mares traiçoeiros e territórios desconhecidos. Jair Bolsonaro, figura polarizadora que um dia emergiu como um farol de esperança para alguns e uma tempestade para outros, agora enfrenta uma encruzilhada que desafia até mesmo os oráculos mais perspicazes.

Os capítulos anteriores de sua trajetória política foram entrelaçados com bravatas retumbantes e uma comunicação que ressoou nos recantos mais distantes da nação. No entanto, no eco silencioso da história, permanece uma pergunta que aguarda resposta: será capaz de navegar com maestria por essa nebulosa de desafios ou enfrentou um crepúsculo político irrevogável?

A capacidade de reação de um líder transcende a própria personalidade e entra no terreno nebuloso das estratégias e oportunidades. A política é uma arena onde o xadrez é jogado com ideias e interesses em constante movimento. Como um jogador em um tabuleiro sombrio, Bolsonaro se encontra diante de escolhas críticas, onde cada movimento é carregado de consequências imprevistas.

O ressurgimento do Lulopetismo é um lembrete de que as marés políticas podem mudar de direção abruptamente. O destino político não é escrito apenas por uma mão, mas por uma sinfonia de vozes e forças. O fervor popular que outrora o impulsionou pode ser um duplo-edged sword, oferecendo aplausos calorosos enquanto demanda resultados tangíveis. A linha tênue entre sucesso e fracasso pode ser traçada por uma série de eventos imprevisíveis.

A incógnita que paira sobre o futuro de Bolsonaro carrega um ar de mistério e suspense. A política é um labirinto cujas saídas e becos sem saída são desvendados apenas com o passar do tempo. Seu destino político permanece como um enigma, um desafio que não pode ser decifrado facilmente.

Os líderes muitas vezes se veem confrontados com momentos de inflexão que testam sua resiliência, astúcia e capacidade de adaptação. As próximas jogadas de Bolsonaro, seja um retorno espetacular ou uma retirada silenciosa, estão ocultas nas sombras do futuro político brasileiro. A resposta à pergunta de sua reação ou seu fim permanece guardada nos corredores do tempo, esperando para ser revelada quando o véu do destino for finalmente erguido.

REFERÊNCIAS

1) "Liberdade ou morte!" Dono da Riachuelo lança manifesto político por presidente liberal:

http://www.infomoney.com.br/mercados/politica/noticia/7215379/liberdade-morte-dono-riachuelo-lanca-manifesto-politico-por-presidente-liberal

2) ... E os caminhoneiros pensaram que aquilo seria bom para eles

https://www.mises.org.br/Article.aspx?id=2040

3) 'Em 2018, é pouco provável que a direita obtenha um resultado vigoroso', diz cientista político

http://politica.estadao.com.br/blogs/blog-do-fucs/em-2018-e-pouco-provavel-que-a-direita-obtenha-um-resultado-vigoroso-diz-cientista-politico/

4) "Liberais" atacam candidatura de Bolsonaro:

http://liberbrasil.org/politica/liberais-atacam-candidatura-de-bolsonaro/

5) "Meu desejo é um direito! Se quero algo, devo receber gratuitamente!" - eis o atalho para a tragédia. A imoral ideia de que desejos implicam direitos

https://www.mises.org.br/Article.aspx?id=2799

6) 2018 será o ano dos liberais?

http://www.transportelibertario.com/?p=190

7) 4 pontos para entender o comunismo

http://www.politize.com.br/comunismo-o-que-e/

8) A crise da direita e a eleição presidencial

http://m.jb.com.br/marcus-
ianoni/noticias/2018/01/16/a-crise-da-direita-e-a-
eleicao-presidencial/

9) A democracia não é a solução; é o problema

https://www.mises.org.br/Article.aspx?id=398

10) A falácia do "preço justo" está de volta - e com
direito a prisões de comerciantes

https://www.mises.org.br/Article.aspx?id=2899

11) A liberdade é mais importante que a democracia

https://www.mises.org.br/Article.aspx?id=325

12) A liberdade segundo Mises

https://www.mises.org.br/Article.aspx?id=766

13) A nítida evolução de Jair Bolsonaro rumo ao
liberalismo econômico:

http://www.gazetadopovo.com.br/rodrigo-
constantino/artigos/a-nitida-evolucao-de-jair-
bolsonaro/

14)   A Virtude do Egoísmo, Ayn Rand, Publicado

originalmente por Editora Ortiz S/A – acessado em:

https://objetivismo.com.br/artigo/a-virtude-do-

egoismo/

15)   Ação Humana. São Paulo: Instituto Mises, 2017.

MISES, L. von.

16)   Ala do PSB prepara ofensiva para viabilizar

Joaquim Barbosa à Presidência da República

http://politica.estadao.com.br/noticias/geral,ala-

do-psb-prepara-ofensiva-para-viabilizar-joaquim-

barbosa-a-presidencia-da-republica,70002170248

17)   Alguns pontos básicos sobre a liberdade - os quais

muitas pessoas ainda não conseguem aceitar

https://www.mises.org.br/Article.aspx?id=2865

18)   Álvaro Dias https://apublica.org/2018/05/truco-os-

exageros-e-imprecisoes-nas-falas-de-alvaro-dias/

19)   Álvaro Dias https://istoe.com.br/o-potencial-de-

alvaro/

20)   Álvaro Dias

https://pt.wikipedia.org/wiki/Alvaro_Dias

21)   Álvaro Dias https://www.alvarodias.com.br/

22)   Álvaro Dias: https://www.semprefamilia.com.br/o-
que-alvaro-dias-pensa-sobre-religiao-aborto-e-
casamento-gay/

23)   Ameaças levaram Barbosa a antecipar
aposentadoria
https://oglobo.globo.com/brasil/ameacas-
levaram-barbosa-antecipar-aposentadoria-
12656888#ixzz59B0DGbtu

24)   Anarquismo: você conhece essa ideologia?
http://www.politize.com.br/anarquismo/

25)   Anarquismo: você conhece essa ideologia?
http://www.politize.com.br/anarquismo/

26)   As definições corretas de monopólio e
concorrência - e por que a concorrência perfeita é
ilógica, São Paulo: Instituto Mises, 2014. JESÚS, H. S.

27)   As diferenças entre os serviços de saúde da
Alemanha e do Canadá
https://www.mises.org.br/Article.aspx?id=2016#

28)   Até Bolsonaro virou liberal:
https://www.oantagonista.com/economia/ate-
bolsonaro-virou-liberal/

29)   Bolsonaro se veste de liberal e seus eleitores
mantêm apoio (quase) incondicional:

https://brasil.elpais.com/brasil/2017/11/23/politica/
1511456838_152216.html

30) Bolsonaro: de qual direita estamos falando?

http://homemeterno.com/2017/09/bolsonaro-de-
qual-direita-estamos-falando/

31) Brasil está pronto para um presidente negro?, diz
Joaquim Barbosa

https://catracalivre.com.br/geral/politica/indicaca
o/brasil-esta-pronto-para-um-presidente-negro-diz-
joaquim-barbosa/

32) Bruno Garschagen: Brasileiros não gostam de
política mas amam o estado:

https://www.youtube.com/watch?v=2djKfAx6Hmc

33) Cabo Daciolo

https://pt.wikipedia.org/wiki/Cabo_Daciolo

34) Candidato, Lula presta último serviço ao país

https://josiasdesouza.blogosfera.uol.com.br/2018/0
1/25/candidato-lula-presta-ultimo-servico-ao-
pais/?cmpid=copiaecola

35) Candidatura de Joaquim Barbosa a presidente
pode sensibilizar Coutinho

https://osguedes.com.br/candidatura-de-joaquim-
barbosa-a-presidente-pode-sensibilizar-coutinho/

36) Ciro Gomes https://epoca.globo.com/tudo-sobre/noticia/2017/09/ciro-gomes.html

37) Ciro Gomes https://pt.wikipedia.org/wiki/Ciro_Gomes

38) Ciro Gomes https://spotniks.com/as-7-maiores-bobagens-que-voce-ja-ouviu-de-ciro-gomes-nos-ultimos-anos/

39) Como conquistar votos sem um discurso populista? O liberalismo de Flávio Rocha https://www.institutoliberal.org.br/blog/politica/como-conquistar-votos-sem-um-discurso-populista-o-liberalismo-de-flavio-rocha/

40) Como identificar os 4 tipos de liberais nas eleições de 2018 https://www.institutomillenium.org.br/artigos/como-identificar-os-4-tipos-de-liberais-nas-eleicoes-de-2018/

41) Como Mises explicaria a realidade do SUS? https://www.mises.org.br/Article.aspx?id=923

42) Como o intervencionismo estatal está destruindo o mercado de saúde privado brasileiro https://www.mises.org.br/Article.aspx?id=2699

43) Como uma greve de caminhoneiros moldará as

eleições no Brasil

https://economia.estadao.com.br/noticias/geral,c

omo-uma-greve-de-caminhoneiros-moldara-as-

eleicoes-no-brasil,70002342006

44) Contra Lula e Bolsonaro, a velha direita tenta se

manter como centro

https://www.cartacapital.com.br/revista/986/em-

apuros-e-piadista

45) Datafolha: Lula tem 31%, Bolsonaro 15% e Marina

10% das intenções de voto

http://www.jb.com.br/pais/noticias/2018/04/15/dat

afolha-lula-tem-31-bolsonaro-15-e-marina-10-das-

intencoes-de-voto/

46) Democracia - o deus que falhou

https://www.mises.org.br/Article.aspx?id=139

47) Desmistificando Bolsonaro:

http://oespiritodasleis.blogfolha.uol.com.br/2017/11

/13/desmistificando-bolsonaro/

48) Doria e Bolsonaro: liberais até que ponto?, por

Felipe Moura Brasil:

https://www.noticiasagricolas.com.br/noticias/blog

s/199288-doria-e-bolsonaro-liberais-ate-que-ponto-
por-felipe-moura-brasil.html#.WjEls9-nE2w

49) Efeitos políticos da greve dos caminhoneiros
podem se estender até a eleição
https://jovempan.uol.com.br/programas/jornal-da-
manha/efeitos-politicos-da-greve-dos-
caminhoneiros-podem-se-estender-ate-a-
eleicao.html

50) Eleição será 'moderada' e 'mais do mesmo', diz
cientista político http://braziljournal.com/eleicao-
sera-moderada-e-mais-do-mesmo-diz-cientista-
politico

51) Em 7 mandatos, Bolsonaro não foi um deputado
liberal nem totalmente anti-PT:
https://jornalggn.com.br/noticia/em-7-mandatos-
bolsonaro-nao-foi-um-deputado-liberal-nem-
totalmente-anti-pt

52) Em meio a elogios de FHC, candidatura de Huck é
dada como certa pelo governo - e Globo não
esconde descontentamento:
http://www.infomoney.com.br/mercados/politica/
noticia/7259306/meio-elogios-fhc-candidatura-
huck-dada-como-certa-pelo-governo

53) Em que Lula e FHC concordam sobre a eleição de
2018 Link para matéria:

https://www.nexojornal.com.br/expresso/2018/03/0
5/Em-que-Lula-e-FHC-concordam-sobre-a-
elei%C3%A7%C3%A3o-de-2018

54) Empresários na política: bom ou ruim?

https://www.mises.org.br/Article.aspx?id=2872

55) Eymael

https://pt.wikipedia.org/wiki/Jos%C3%A9_Maria_Ey
mael

56) Facebook Adolfo Sachsida:

https://www.facebook.com/Adolfo.Sachsida

57) Fernando Haddad

http://ultimosegundo.ig.com.br/fernando-
haddad/4f7df9eea0769351110000ee.html

58) Fernando Haddad

https://epoca.globo.com/colunas-e-blogs/blog-
do-fucs/noticia/2015/02/7-bbarbaridades-de-
fernando-haddadb-das-quais-jamais-
esqueceremos.html

59) Fernando Haddad

https://pt.wikipedia.org/wiki/Fernando_Haddad

60) Fernando Haddad https://tudo-
sobre.estadao.com.br/fernando-haddad

61) Flavio Rocha diz que há vácuo de candidatura
liberal
https://www1.folha.uol.com.br/poder/2018/03/flavi
o-rocha-diz-que-ha-vacuo-de-candidatura-
liberal.shtml

62) Flávio Rocha falta a evento da Riachuelo para se
dedicar à política:
http://www.valor.com.br/politica/5350089/flavio-
rocha-falta-evento-da-riachuelo-para-se-dedicar-
politica

63) FT e The Economist ainda duvidam de viés liberal
de Bolsonaro (e buscam decifrá-lo):
http://www.infomoney.com.br/mercados/politica/
noticia/7073150/the-economist-ainda-duvidam-
vies-liberal-bolsonaro-buscam-decifra

64) Geraldo Alckimin
http://ultimosegundo.ig.com.br/geraldo-
aclkmin/53e8e9c508ec508e5700009e.html

65) Geraldo Alckimin
https://especiais.gazetadopovo.com.br/eleicoes/2
018/candidatos/presidente/geraldo-alckmin/

66) Geraldo Alckimin

https://pt.wikipedia.org/wiki/Geraldo_Alckmin

67) Geraldo Alckimin https://veja.abril.com.br/noticias-sobre/geraldo-alckmin/

68) Geraldo Alckimin

https://www.geraldoalckmin.com.br/

69) Gleisi Hoffmann: "Condenação de Lula pelo TRF4 rompe o pacto firmado na Constituição"

https://www.esmaelmorais.com.br/2018/01/gleisi-hoffmann-condenacao-de-lula-pelo-trf4-rompe-o-pacto-firmado-na-constituicao/

70) Greve dos caminhoneiros irá definir as eleições de 2018, diz The Economist

http://www.infomoney.com.br/mercados/noticia/7465146/greve-dos-caminhoneiros-ira-definir-eleicoes-2018-diz-the-economist

71) Greve dos caminhoneiros: o brasileiro não aprendeu nada com seu passado

https://www.institutoliberal.org.br/blog/economia/greve-dos-caminhoneiros-o-brasileiro-nao-aprendeu-nada-com-seu-passado/

72) Guia Bibliográfico da Nova Direita: 39 livros para compreender o fenômeno brasileiro. Edição do Kindle. Corrêa, Lucas Berlanza.

73) Guilherme Boulos http://guilhermeboulos.com.br/

74) Guilherme Boulos https://brasil.elpais.com/brasil/2018/04/10/politica/1523381096_934346.html

75) Guilherme Boulos https://pt.wikipedia.org/wiki/Guilherme_Boulos

76) Guilherme Boulos https://www.cartacapital.com.br/colunistas/guilherme-boulos

77) Henrique Meirelles https://epoca.globo.com/tudo-sobre/noticia/2016/05/henrique-meirelles.html

78) Henrique Meirelles https://pt.wikipedia.org/wiki/Henrique_Meirelles

79) Ibovespa dispara 3,72% com a condenação de Lula https://www.istoedinheiro.com.br/ibovespa-dispara-apos-condenacao-de-lula/

80) Individualismo e Coletivismo – parte I https://www.mises.org.br/BlogPost.aspx?id=2422

81)   Individualismo vs. Coletivismo

https://www.institutoliberal.org.br/blog/individualis
mo-vs-coletivismo/

82)   Jair Bolsonaro

http://g1.globo.com/politica/politico/jair-
bolsonaro.html

83)   Jair Bolsonaro https://extra.globo.com/fato-ou-
fake/veja-que-fato-ou-fake-na-entrevista-de-jair-
bolsonaro-no-roda-viva-22937512.html?topico=jair-
bolsonaro

84)   Jair Bolsonaro

https://pt.wikipedia.org/wiki/Jair_Bolsonaro

85)   Jair Bolsonaro https://veja.abril.com.br/politica/a-
ameaca-bolsonaro/

86)   Jair Bolsonaro https://www.bolsonaro.com.br/

87)   Jair Bolsonaro

https://www.pragmatismopolitico.com.br/2015/08/
as-10-frases-mais-polemicas-de-jair-bolsonaro.html

88)   João Amoêdo http://joaoamoedo.com.br/

89)   João Amoêdo

https://pt.wikipedia.org/wiki/Jo%C3%A3o_Amo%C3
%AAdo

90)		João Amoêdo

https://www.istoedinheiro.com.br/amoedo-uma-

face-nova-na-politica/

91)		João Amoêdo

https://www.semprefamilia.com.br/o-que-joao-

amoedo-pensa-sobre-aborto-drogas-casamento-

gay-e-desarmamento/

92)		João Goulart Filho

http://partidopatrialivre.org.br/2018/joao-goulart-

filho-pre-candidato-a-presidente-da-republica-

pelo-ppl-cumpre-agenda-em-belem/

93)		João Goulart Filho http://www.jb.com.br/eleicoes-

2018/noticias/2018/08/05/ppl-lanca-joao-goulart-

filho-candidato-a-presidente/

94)		João Goulart Filho

https://g1.globo.com/politica/eleicoes/2018/notici

a/2018/08/05/ppl-confirma-joao-goulart-filho-a-

presidencia-republica.ghtml

95)		João Goulart Filho

https://www.valor.com.br/politica/5713507/curtas

96)		Joaquim Barbosa diz que o Brasil não está

preparado para ter um presidente negro

https://espaco-

vital.jusbrasil.com.br/noticias/100627017/joaquim-
barbosa-diz-que-o-brasil-nao-esta-preparado-para-
ter-um-presidente-negro

97)   Joaquim Barbosa e Aldo Rebelo podem se
enfrentar em prévias do PSB

http://www.jb.com.br/pais/noticias/2017/11/16/joa
quim-barbosa-e-aldo-rebelo-podem-se-enfrentar-
em-previas-do-psb/

98)   Joaquim Barbosa não descarta Presidência em
2018 e vê repúdio às maiores siglas nas eleições:

http://congressoemfoco.uol.com.br/noticias/joaqui
m-barbosa-nao-descarta-disputar-presidencia-em-
2018-e-ve-repudio-as-maiores-siglas-nas-eleicoes/

99)   Liberais cobram perfeição do Bolsonaro. Mas e os
outros candidatos?:

http://www.ocongressista.com.br/2017/12/liberais-
cobram-perfeicao-do-bolsonaro.html

100)   Liberal, populista ou velho nacionalista? As
contradições políticas de Bolsonaro:

http://www.gazetadopovo.com.br/politica/republi
ca/liberal-populista-ou-velho-nacionalista-as-
contradicoes-politicas-de-bolsonaro-
awx0sjeqge7furirxtm6yex59

101) Liberalismo. LVM Editora. Edição do Kindle. von Mises, Ludwig.

102) LIBERALISMO: Roberto Campos em sua melhor forma (Coleção Economia Política). Lebooks Editora. Edição do Kindle.

103) liberdade segundo Mises

https://www.mises.org.br/Article.aspx?id=766

104) Livres se unirá ao Partido Novo no Rio Grande do Sul - Jornal do Comércio

(http://jcrs.uol.com.br/_conteudo/2018/01/politica/607850-livres-se-unira-ao-partido-novo-no-rio-grande-do-sul.html)

105) Luciano Huck tem 'potencialmente muita chance' dizem aliados de FHC sobre eleições:

https://horia.com.br/comment/1190257

106) Manifesto Brasil 200

https://www.brasil200.com.br/manifesto

107) Marina Silvia

http://g1.globo.com/politica/politico/marina-silva.html

108) Marina Silvia

http://www.atribuna.com.br/noticias/noticias-detalhe/eleicoes/marina-silva-defende-a-

unificacao-de-impostos-sobre-bens-e-
servicos/?cHash=8da2c1496a5cd3545c66f1ab71f80
772

109) Marina Silvia https://epoca.globo.com/marina-
silva-candidata-invisivel-os-desafios-de-uma-
campanha-sem-dinheiro-sem-tempo-de-tv-sem-
aliancas-22942713

110) Marina Silvia
https://g1.globo.com/politica/eleicoes/2018/notici
a/2018/08/01/marina-silva-diz-defender-reforma-
trabalhista-mas-se-eleita-mudara-pontos-da-
lei.ghtml

111) Marina Silvia https://marinasilva.org.br/

112) Marina Silvia
https://pt.wikipedia.org/wiki/Marina_Silva

113) MBL rompe com gestão Doria, e Holiday diz que vai
'infernizar' tucano na Câmara
http://politica.estadao.com.br/noticias/geral,mbl-
rompe-com-gestao-doria-e-holiday-diz-que-vai-
infernizar-tucano-na-camara,70002160895

114) Mercado quer um candidato de direita, não de
centro, diz dono da Riachuelo... - Veja mais em
https://eleicoes.uol.com.br/2018/noticias/agencia-

estado/2018/02/21/mercado-quer-um-candidato-de-direita-nao-de-centro-diz-dono-da-riachuelo.htm?cmpid=copiaecola

115)   Na "invejada" saúde estatal britânica, os pacientes estão morrendo nos corredores dos hospitais
https://www.mises.org.br/Article.aspx?id=2835

116)   Nova direita avança no Brasil e vai disputar eleições de 2018
http://www.correiobraziliense.com.br/app/noticia/politica/2018/03/19/interna_politica,667129/nova-direita-avanca-no-brasil-e-vai-disputar-eleicoes-de-2018.shtml

117)   Novos candidatos têm desafio de aglutinar tendências, diz cientista política
http://www.redebrasilatual.com.br/politica/2018/03/novos-candidatos-tem-desafio-de-aglutinar-tendencias-diz-cientista-politica

118)   O argumento completo em defesa da liberdade
https://www.mises.org.br/Article.aspx?id=2225

119)   O caminho para a servidão. Rio de Janeiro: Instituto Liberal, 1990. HAYEK, Frederich

120)   O dogma do coletivismo, Ludwig von Mises, artigo extraído do capítulo 11 do livro Theory and History –

acessado em:

https://mises.org.br/Article.aspx?id=867

121) O financiamento do BNDES para a Riachuelo e o liberalismo de Flavio Rocha:

https://www.institutoliberal.org.br/blog/economia/o-financiamento-do-bndes-para-a-riachuelo-e-o-liberalismo-de-flavio-rocha/

122) O liberalismo de conveniência de João Doria e Jair Bolsonaro:

https://www.institutoliberal.org.br/blog/politica/liberalismo-de-conveniencia-de-joao-doria-e-jair-bolsonaro/

123) O liberalismo e o socialismo

https://www.institutoliberal.org.br/blog/o-liberalismo-e-o-socialismo/

124) O que é o estado?

https://www.mises.org.br/Article.aspx?id=263

125) O que é objetivismo? http://objetivismo.com.br/o-que-e-objetivismo

126) O que quer essa nova direita?

https://www.jornalopcao.com.br/colunas-e-blogs/ponto-de-partida/o-que-quer-essa-nova-direita-121794/

127)   O que realmente é o fascismo

https://www.mises.org.br/Article.aspx?id=1343

128)   O risco da candidatura Huck:

https://g1.globo.com/mundo/blog/helio-

gurovitz/post/2018/02/14/o-risco-da-candidatura-

huck.ghtml

129)   O significado da condenação de Lula:

https://g1.globo.com/mundo/blog/helio-

gurovitz/post/2018/01/25/o-significado-da-

condenacao-de-lula.ghtml

130)   O sistema de saúde universal no Canadá: um

colossal fracasso estatal

https://www.mises.org.br/Article.aspx?id=2884

131)   Operação Bolsonaro: como fazer de um

ultradiretista um liberal respeitável:

https://brasil.elpais.com/brasil/2017/11/14/actualid

ad/1510696083_966055.html

132)   Para FHC, candidatura de Joaquim Barbosa seria

"aventura" https://jornalggn.com.br/noticia/para-

fhc-candidatura-de-joaquim-barbosa-seria-

aventura

133)   Pelo visto, Joaquim Barbosa ignorou que o Brasil já

teve um presidente negro: Nilo Peçanha

https://www.politicas.info/marlosapyus/acervo/pel
o-visto-joaquim-barbosa-ignorou-que-o-brasil-ja-
teve-um-presidente-negro-nilo-pecanha/

134) Perda de votos do PSDB para Bolsonaro é
"facilmente reversível"

https://www.oantagonista.com/brasil/perda-de-
votos-psdb-para-bolsonaro-e-facilmente-reversivel/

135) Por que "os verdadeiros" liberalismo e socialismo
estão errados

http://mercadopopular.org/2017/10/politica-
publica-utopia-liberalismo/

136) Por que os liberais não deveriam apoiar Jair
Bolsonaro?

https://www.institutoliberal.org.br/blog/por-que-os-
liberais-nao-deveriam-apoiar-jair-bolsonaro/

137) Pré-candidatos ao Planalto comentam greve de
caminhoneiros e Petrobras

https://www.poder360.com.br/eleicoes/presidenci
aveis-se-manifestam-sobre-greve-de-
caminhoneiros-e-petrobras/

138) Presidenciáveis de direita representam várias
correntes. E nenhum é 100% liberal:

http://www.gazetadopovo.com.br/eleicoes/2018/

presidenciaveis-de-direita-representam-varias-

correntes-e-nenhum-e-100-liberal-

9dnwnr1ouqu9zu6px25x1ud4q

139)   PSB tenta convencer Joaquim Barbosa a ser

candidato a presidente

http://www.paraibadebate.com.br/psb-tenta-

convencer-joaquim-barbosa-a-ser-candidato-a-

presidente/

140)   PSOL: condenação de Lula é ataque à

democracia brasileira: http://www.pt.org.br/psol-

condenacao-de-lula-e-ataque-a-democracia-

brasileira/

141)   Qual a relação entre a direita e a greve dos

caminhoneiros?

https://www.institutoliberal.org.br/blog/politica/qua

l-a-relacao-entre-a-direita-e-a-greve-dos-

caminhoneiros/

142)   Quanto o Governo Temer perdeu (e seus

adversários ganharam) com a greve

https://brasil.elpais.com/brasil/2018/05/28/politica/

1527523479_591698.html

143)   Quanto o Governo Temer perdeu (e seus

adversários ganharam) com a greve

https://brasil.elpais.com/brasil/2018/05/28/politica/
1527523479_591698.html

144) Quatro medidas para melhorar o sistema de saúde

https://www.mises.org.br/Article.aspx?id=105

145) 'Quem for o candidato do mercado vai perder', diz
Fernando Henrique Cardoso:

http://politica.estadao.com.br/noticias/geral,quem
-for-candidato-do-mercado-vai-perder-diz-
fhc,70002206032

146) Quem ganha ou quem perde nas eleições após a
greve dos caminhoneiros?

http://www.diariodepernambuco.com.br/app/noti
cia/politica/2018/06/02/interna_politica,753990/qu
em-ganha-ou-quem-perde-nas-eleicoes-apos-a-
greve-dos-caminhoneiros.shtml

147) Quem perde com Bolsonaro no PSL? Você

https://www.institutoliberal.org.br/blog/politica/que
m-perde-com-bolsonaro-no-psl-voce/

148) Se o eleitorado se resumisse ao Fórum da
Liberdade, João Amoêdo seria presidente do Brasil

https://www.sul21.com.br/ultimas-
noticias/politica/2018/04/se-o-eleitorado-se-

resumisse-ao-forum-da-liberdade-joao-amoedo-

seria-presidente-do-brasil/

149) Tolerância intolerante, Pastor Jessé, disponível em

150) Um breve manual sobre os sistemas de saúde - e

por que é impossível ter um SUS sem fila de espera

https://www.mises.org.br/Article.aspx?id=2029

151) Verdades inconvenientes sobre o sistema de saúde

sueco

https://www.mises.org.br/Article.aspx?id=1824

9 798860 567412